ESOTERISCHES
WISSEN

E. J. und Cybele Gold

Tantrische Liebe

Die Lust, Herz und Körper
zu vereinigen

Deutsche Erstausgabe

WILHELM HEYNE VERLAG
MÜNCHEN

HEYNE ESOTERISCHES WISSEN
Herausgegeben von Michael Görden
08/9653

Aus dem Amerikanischen übertragen
von Matthias Schossig
Redaktion: Susanne G. Seiler

Titel der Originalausgabe:
TANTRIC SEX
erschienen bei Peak Skill Publishing, P.O. Box 5489,
Playa del Rey, California 90296, USA

ISBN 3-453-08087-4

Inhalt

GRUNDÜBUNGEN

WEITERFÜHRENDE ÜBUNGEN

ÜBUNGEN FÜR FORTGESCHRITTENE

DIE REISE DURCH DIE GROSSE MUTTER

ANHANG A:

ANHANG B:

Vorwort

„Tantrische Liebe" ist eine praktische Einführung in die Theorie und Methodik des Sex-Yoga für den Westen, verfaßt von zwei anerkannten Experten. Einst das Privileg einiger auserwählter Initiaten, sind die sexospirituellen Geheimnisse, die hier enthüllt werden, heute die richtige Medizin für eine kränkelnde Gesellschaft, die genau die Macht unterdrückt, die ihr Leben schenkt.

Das Material wird in einer direkten und schrittweisen Form präsentiert und kann leicht nachvollzogen werden. Während das Lesen dieses Buchs Sie inspirieren oder ermutigen mag, wird die Praxis der Übungen mit Sicherheit tiefgreifende Veränderungen in Ihnen hervorrufen.

Die Macht des Sex-Yoga kann das Tor zu höheren Bewußtseinsebenen öffnen, besonders wenn er mit spiritueller Intensität als eine Form von bewußtem Streß praktiziert wird. Aus diesem Grund empfehlen die alten Schriften den tantrischen Sex nur für Helden und Halbgötter. Der außerordentlich dichte Abschnitt „Die Reise durch die Große Mutter" wurde den klassischen Sutras nachempfunden und dient der tiefen Meditation. Es finden sich darin nicht nur Anweisungen, sondern auch eine Fülle eindrucksvoller Bilder und möglicherweise sogar eine Beschreibung zur Erweckung der Kundalini. Der Nachdruck, der hier auf die Leere gelegt wird, steht in erfreulichem Kontrast zu modernen „tantrischen" Lehren, die Seligkeit ohne Einsicht verbreiten möchten.

Die Erfahrungsberichte von Versuchen mit Objektivem (tantrischem) Sex stammen von Seminarteilnehmern. Ihre persönlichen Aufzeichnungen stehen stellvertretend für viele Tausende verschiedener ungewöhnlicher Erlebnisse, die mit Hilfe dieser Techniken möglich sind. Schließlich sind es Ihre Erfahrungen, die Ihren inneren Raum kreieren, und dort sind Ihrer Phantasie wiederum keine Grenzen gesetzt. Es ist daher wichtig für die Rückkehr in den Körperraum, sich an die Vorschläge auf S. 144 oder ähnliche Formen für einen allmählichen Wiedereintritt zu halten. Es könnte sonst die

Gefahr eines Schocks bestehen, denn es ist manchmal nicht leicht festzustellen, wie weit Sie sich wirklich von Ihrem Normalzustand entfernt haben.

Die Übungen folgen einem schrittweisen Aufbau. Dabei ist es wichtig, die Grundübungen auch dann zu machen, wenn sie Ihnen einfach vorkommen. Sie sind sehr wirksam und ermöglichen die Auflösung alter Prägungen – die Grundvoraussetzung für erfolgreiches Tantra. Auch hier werden Ergebnisse nur durch Tun und nicht durch bloßes Nachdenken erzielt.

Dieses Buch eröffnet den Zugang zu einer solchen Fülle an Material, daß Sie sich Ihr Leben lang damit beschäftigen können. Die beschriebenen Techniken können auch mit Meditationstechniken aus anderen Traditionen kombiniert werden. Ich zum Beispiel mag buddhistische Achtsamkeitsübungen, die ich auf diese Methode abgestimmt habe.

Lassen Sie sich also Zeit und scheuen Sie nicht vor Experimenten zurück. Das Wichtigste aber ist, daß Sie alles, was Sie tun, in Liebe zu sich selbst und zu Ihrem Partner tun.

Die Seligkeiten, die Freuden und Pflichten des tantrischen Sex warten darauf, von Ihnen entdeckt zu werden.

David Alan Ramsdale
Los Angeles, im Oktober 1987

TANTRA-
BEREICH

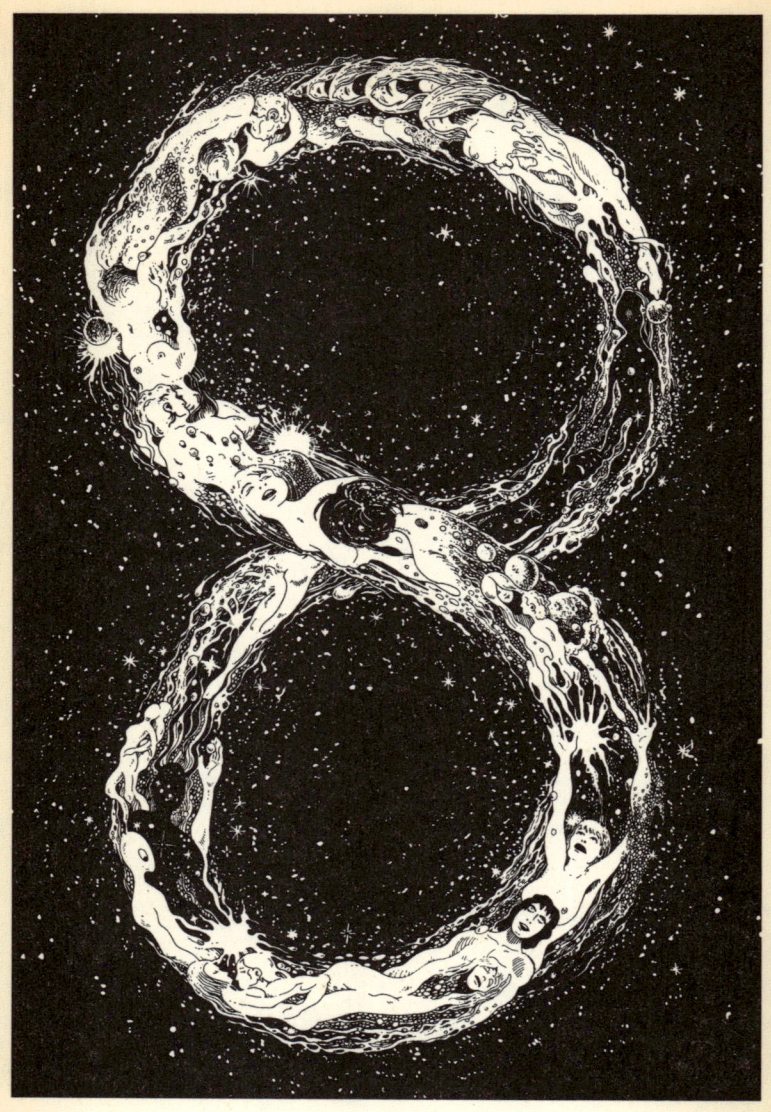

*L*angsam und sanft beginnt das Paar, gemeinsam zu atmen, und geht dann allmählich zum
stillen „Summ-Mantra" über (siehe S. 88).Dabei
visualisieren die beiden einander in der Gestalt
des Kosmischen Paares. Im Raum ist es halb-
dunkel, ihre Augen sind geöffnet.
Aus ihnen wird langsam ein Abbild des Universums, wobei sie vom „Spüren" Gebrauch
machen (S. 79), um ihren Körper als Einheit
wahrnehmen zu können. So schaffen sie für einen Augenblick einen ätherischen Tunnel, der
bald wieder in die Formlosigkeit übergeht.
Die beiden setzen sich aufrecht hin und legen
mit sanftem Druck ihre Stirnflächen aneinander, während sie eine klare Vorstellung da-

von entwickeln, gemeinsam einen *Doppelkörper* zu bilden. Sie fahren damit fort, bis keiner von beiden mehr eine getrennte Identität spürt.

Jetzt können sie die doppelte Körperform von oben und außen sehen. Sie haben zwar keine Gestalt mehr, nehmen diese jedoch durch ihre Gefühle wahr. Während sie Ihren Doppelkörper beobachten, erscheinen darin Sterne. Sie leuchten hell, ohne zu flackern.

Das Paar verharrt regungslos in jenem Bereich und geht immer mehr in die absolute Leere ein. Ein Gefühl der Bereitwilligkeit kommt auf, dieses Erleben in seiner ganzen Fülle miteinander zu teilen: daß alles, was im Leben vollbracht wurde, ein ganzheitlicher Bestandteil dieses Lebens ist. Sie sind über die Welt von Aktion und Reaktion, von Ursache und Wirkung hinausgelangt.

Sie haben das Gefühl, einander Quelle zu sein, und während ihre Innenwelten verschmelzen, werden ihre geistigen und emotionalen Standpunkte eins. Es fällt ihnen leicht, das überwältigende Aufsteigen von Wahrnehmungen und Gefühlen anzunehmen, das mit einer Ausdehnung ins Alles und Nichts einhergeht.

Es entsteht ein Gefühl amüsierter Verwirrung und Desorientierung, gepaart mit einem euphorischen Desinteresse an der Entfaltung des Geschehens, falls überhaupt etwas geschehen sollte. Die beiden stehen in totaler, unmittelbarer Kommunikation, ohne sich durch Worte oder Gesten verständigen zu müssen.

Allmählich wird ihnen klar, daß sie nie wirklich auf der Erde waren, sondern statt dessen nur Eindrücke empfingen, als würden sie in einem Körper leben, weil sie nur so für diese Eindrücke empfänglich waren, ohne die Raum und Zeit nie irgendeine Wirkung auf sie gehabt hätten.

Sie spüren, daß sie wieder zu ihrem natürlichen Zustand zurückkehren, von dem sie sich außer im Traum eigentlich niemals entfernt hatten. Jetzt begreifen sie, daß die Erde nur ein mitgeschaffener Seinszustand war, dessen Aufrechterhaltung einer Anstrengung bedurfte, und daß sie automatisch in ihren natürlichen Zustand zurückfallen, wenn sie diese Anstrengung unterlassen.

Sie könnten wieder zu getrennten Identitäten werden, wenn sie es wollten. Natürlich wissen sie, daß sie das Spiel beliebig wiederholen können, und daß sie es früher oder später wieder aufnehmen werden. Was wollen sie sonst mit der Ewigkeit anfangen?

Sie erlauben es dem Gefühl, „menschlich gewesen zu sein", in ihnen aufzusteigen. Sie haben keine Ahnung, wohin sie dies alles führen wird, aber sie akzeptieren, was abläuft, weil es so ist. Sie genießen den wirbelnden Strudel, der ihr kollektives Bewußtsein in der formlosen Leere von einem Punkt zum nächsten trägt. Es bildet sich eine spürbare Schwingung, und sie fühlen sich, als würden sie jeden Moment auseinanderbersten oder explodieren. Sie nähern sich einem Tor, an dem ein Wächter steht. Sie nehmen seine Gegenwart zur Kenntnis und gelangen in einen Bereich auf einer höheren Ebene.

Der Unterschied zwischen ihrer beider Bewußtsein schwindet dahin. Bald wissen sie nicht mehr, mit welchem Körper sie hier hineingeraten sind. Sie sind in Verbindung mit einer Form, die irgendwie die Welt in ihren Händen hält und gleichzeitig in ihr zerfließt. Sie sind in die Identifikation mit dem Kosmischen Paar übergegangen.

Eine allmähliche Vermischung hat eingesetzt, in der ihre früheren Identitäten derart verschmelzen, daß ihr Bewußtsein sich loslöst und tiefes Wissen an seine Stelle tritt. Aus der Tiefe bricht plötzlich ein Gedanke hervor: „War das deine Idee oder meine?" Die Antwort hallt wider: „Wer möchte das wissen?" Ein stilles Lachen funkelt durch den Raum.

Die Qualität der Kommunikation ändert sich. Es ist nicht länger ein Gedankenaustausch, sondern eine Art von Autokommunikation, wobei sich alles im Wesensinnern abspielt. Gleichzeitig kommt damit schockartig die lachende Erkenntnis: Liebe ist Selbstliebe, weil es keinen *anderen* gibt. Das letzte Egospiel.

Sie bleiben passiv. Hier gibt es nichts, was getan werden muß. Sie lassen alles widerstandslos an sich vorbeiziehen. Sowie sich ihr kollektives Bewußtsein in diesem Bereich niederläßt, wird ihnen bewußt, daß sie das gesamte Universum enthalten. Im Anfang dieses Zustandes können sie sich selbst als Urwesen sehen, das sich in den frühen Schockstadien seines Entstehens windet und schüttelt.

Es gibt jetzt um sie herum nichts zu spüren oder zu fühlen. Sie können in diesem Augenblick im Universum keinerlei Bewegung erkennen.

Anscheinend bilden sie nach einem einfachen, sich wiederholenden Muster automatisch eine Matrix aus komplexen räumlichen Verbindungen. Jeder Stern des nun sichtbaren Universums bildet eine Zelle dieses kosmischen Körpers. Sie sind zu einem Mandala geworden. Wenn sie in sich hineinschauen, können sie große, wirbelnde Massen von Sternen und Galaxien erkennen.

Sie geraten in eine bestimmte Art von endlosem Wartezustand, wenn das anfängliche Unbehagen, das während der Verschmelzung und dem wirbelnden Stadium auftrat, einem Gefühl von euphorischem Wohlbefinden gewichen ist. Der Taumel hat für einen Moment aufgehört, und ein Zustand völliger Ruhe umfängt die beiden. Alles befindet sich in einem fließenden Gleichgewicht, wie an der Schwelle zu einem großen

Ereignis. Das Universum scheint den Atem anzuhalten.

Sie beobachten die Bildung eines Lichtpunkts in der Ferne. Sie sehen, wie er in das kristalline Netz zwischen den Sternen eintaucht und im Gewebe des Universums verschwindet. Sie beobachten noch einige weitere solcher Bildungen, die ebenso entstehen und in die Matrix eingehen.

Mit der Zeit werden sie wieder zu zwei verschiedenen Wesenheiten, um erneut mit dem Raum-Spiel anfangen zu können. Sie wählen Identitäten, bewegen sich voneinander weg und heißen einander gleichzeitig, sich zurückzuziehen.

Sie werden sich wieder ihrer selbst als Menschen bewußt. Träge verabschieden sie sich vom gemeinsamen Fließen des Kosmischen Paares. Sie halten sich sehr ruhig und nehmen langsam wieder von ihrem Körper Besitz, damit dieser durch den Wiedereintritt nicht zu Schaden kommt. Sie gestatten es ihm, noch eine Weile ruhig zu bleiben, bis die Anpassung ihres Bewußtseins vollendet ist. Sie sind wieder in die Welt hineingeboren worden.

*SEMINARTEILNEHMER
BERICHTEN ÜBER
IHRE ERFAHRUNGEN
MIT OBJEKTIVEM
SEX*

Erstes Paar

Hauptsächlich spürten wir eine Ausdehnung des Raumes und eine friedliche Stille. Wir hörten außer unserem Herzschlag und unserem Nervensystem noch andere Geräusche, wußten aber nicht, was es war.

Ein besonderes Geräusch war ein entferntes, schnell lauter werdendes Echo, das näher kam und wieder abklang.

Als wir das Summ-Mantra anstimmten, überkam uns ein wirbelndes Gefühl. Bei der Rückkehr in den Körperbereich fühlten wir uns ganz anders als vorher, ehe wir angefangen hatten.

Es war nicht schwer für uns, in den Metaraum einzugehen, doch hatten wir am Anfang alle möglichen Körpersymptome wie Jucken, allgemeines Unwohlsein und den Drang, uns zu bewegen, um unsere verspannten Muskeln unserer Stellung anzupassen.

Anfänglich waren da noch die Geräusche der anderen Seminarteilnehmer, die uns etwa bis zur Hälfte der Übung ablenkten. Danach hörten wir überhaupt keine Außengeräusche mehr. Wir beobachteten eine Reihe von Phänomenen wie eigenartige Töne, gelegentliches Aufflackern von Lichtern und das Gefühl, daß sich unsere Körper zur Seite bogen oder auf ungewöhnliche Weise verformten, obwohl wir uns überhaupt nicht bewegten.

Dann wurden wir uns einer Quelle weißen Lichts gewahr, die seitwärts von oben auf uns niederstrahlte. Das Licht wurde erst heller, dann wieder schwächer, aber es blieb die ganze Zeit über sichtbar. Wir hatten ein wenig Angst, daß wir uns in dem Licht verlieren könnten, aber es geschah nichts dergleichen.

Als nächstes erinnere ich mich an eine Entscheidung: „Wir brauchen doch hier im Raum irgendeine Art von Körper". Dann fielen wir in den Körperbereich zurück, und die Übung war zu Ende. Wahrscheinlich hat uns eine Art innere Uhr daran erinnert, daß es Zeit war, die Übung abzubrechen.

Wir waren nicht eingeschlafen, aber es gab eine Phase, an die wir uns beide nicht klar erinnern können. An einigen Punkten hatten wir das Gefühl, daß es ohnehin nichts gab, was wir hätten tun können, also ließen wir es zu, nichts Bestimmtes zu sein.

Zweites Paar

Beinahe sofort nach dem Eintritt in den Metabereich begannen wir, verschiedene Körper anzunehmen, wovon einige tierische Formen aufwiesen. Jeder dieser Körper hielt nur einen Augenblick. Sobald wir spürten, daß wir in einem dieser Leiber waren, fühlten wir uns wieder zu unserer menschlichen Form zurückgezogen.

Dann wurden wir von einer Flut von Geplapper und visuellen Erscheinungen wie Licht und Wellen von Blitzen überschwemmt.

Anschließend sahen wir so etwas wie einen Sonnenuntergang. Hinter einem Hügel oder einer Sanddüne gab es eine verborgene Lichtquelle. Plötzlich begann die Düne, auf uns zuzurollen, und wir zogen es vor zu verschwinden.

Als nächstes erinnern wir uns daran, daß wir uns geradewegs nach oben bewegten, bis wir zu einem komplizierten Geflecht von weißen Linien auf schwarzem Hintergrund kamen. Wir rasten darauf zu, wurden aber, kurz bevor wir es erreichten, immer langsamer. Das Filigrangeflecht verschwand, und wir befanden uns in einer Blackout-Phase.

Wir glauben nicht, daß wir eingeschlafen sind, doch was nach dem Blackout passiert ist, können wir mit unserem derzeitigen Erinnerungsvermögen nicht feststellen. An irgendeinem Punkt nach diesem Ereignis wurden wir uns unserer Körper wieder bewußt und kehrten in den Körperbereich zurück.

Drittes Paar

Wir erlebten nichts Außergewöhnliches, abgesehen von einem gesteigerten Körpergefühl. Wir spürten einen erheblichen Energiefluß in Form von Druck und einem Brennen, das sich entlang der Wirbelsäule aufwärts bewegte, außerdem Druck auf der Stirn, als ob unsere Stirnhöhlen jederzeit explodieren würden.

Wir hatten im großen und ganzen keine besonderen Reaktionen auf diese Körperempfindungen, die wir schon von früheren Meditationen her kannten, doch wir machten uns etwas Sorgen wegen des tauben Gefühls im oberen Teil des Rückens und am Hals.

Wir hielten automatisch den Atem an und unterbrachen das Summ-Mantra für einen Augenblick, um die Energie nach oben zu lenken. Das Ganze war eine schöne Erfahrung, unterschied sich aber nicht von unserer sonstigen Meditation.

Es ist uns gelungen, unsere Position während der gesamten Übungsdauer beizubehalten, ohne besonders zu ermüden. Es war ein ziemlich gedankenfreier Zustand, obwohl wir uns des Geschehens um uns herum voll bewußt waren, einschließlich des Donnergrollens in der Ferne.

Viertes Paar
Körperempfindungen von Druck und Hitze. Das innere Geschwätz nahm anfänglich ständig zu, aber nach einer gewissen Zeit hörten die Gefühle und das Geplapper von selbst auf.
Kurz vor dem Ende der Übung trat ein zeit- und erinnerungsloser Zustand auf. Hier angelangt, sahen wir ein helles, klares Licht, das wir für eine Warnung hielten, in den Körperbereich zurückzukehren, und daß wir für das hier noch nicht bereit seien. Also verwendeten wir die Abschlußmeditation und kehrten in unsere Körper zurück.
Nächstes Mal vielleicht.

Fünftes Paar
Einige Gedankenfetzen und Energien zogen auf. Größtenteils aber waren wir ein Nichts, das mal hier, mal dort das eine oder andere verkörperte.
Wir machten keine Versuche, etwas Bestimmtes zu tun oder auf etwas Besonderes zu achten.
Es gab eine Phase, in der wir total übermüdet waren und das Interesse verloren. Am Ende, als wir merkten, daß wir wieder in unsere Körper

zurückgehen mußten, hatten wir sogar eine leichte Depression. Wir taten es trotzdem.

Sechstes Paar

Wir fühlten uns völlig taub und brachen durch in einen Raum, wo wir Energie umherzuschieben schienen. Wir hörten etwas wie Gelächter oder das Gerede einer hohen Fistelstimme oder mehrerer Stimmen, konnten aber nicht feststellen, woher es kam.

Der Atem wurde flacher, und schließlich gelangten wir an einen Ort, wo wir überhaupt nicht mehr atmeten. Wir waren anscheinend eine lange Zeit dort. Der Schock der Entlassung aus diesem Bereich wirbelte uns in einen anderen, wo wir eine Menge visueller Erscheinungen hatten.

Wir fühlten uns, als würden wir uns ständig überschlagen, wobei sich unser Körper nach hinten spannte und unser Hinterkopf unser Steißbein berührte. Es fühlte sich an, als würden wir von etwas in diese Form gepreßt.

Wir fühlten uns, als fielen wir endlos durch den Raum, und bekamen beide ein wenig Angst, machten jedoch weiter. Wir dachten daran, daß wir die Morgensitzung verpassen würden, falls wir uns verirrten.

Irgendwann machten wir einen eleganten Kopfsprung, begleitet von einem inneren Schrei, der aus der Kehlkopfgegend kam, aber ohne Laut. Wir verschmolzen mit einer Wand, und es wurde dunkel. Kurz vor dem Ende dieser Erfahrung schien uns ein Arm mit Gewalt wieder in den Körperraum zurückzuzerren.

Wir dachten: „Es ist Zeit, diesen Bereich zu verlassen. Jemand anderes wartet darauf, ihn zu benutzen." Da verschwand der Arm, und wir schüttelten den Raum von uns ab und setzten uns auf. Der Seminarleiter fragte uns, was uns einfiele, so übergangslos auszusteigen. Also begaben wir uns noch einmal in unsere Position und ließen uns mehr Zeit, um sanfter zurückzukehren.

Es war alles sehr lustig, und wir lachten, sobald unsere normale Wahrnehmung und unsere Empfindungen zurückkamen.

Siebtes Paar

Erst das Gefühl zu fliegen. Kamen dann in einen luftleeren Raum. Gefiel uns nicht. Es fühlte sich stickig und gefährlich an.

Unser Rücken wurde ganz kalt. Wir hatten das Gefühl, das Gleichgewicht zu verlieren, und wollten die Stellung ändern, haben uns aber nicht bewegt.

Ständig funkten irgendwelche Mentalprogramme dazwischen. Plötzlich ein gewaltiger Energieschub in Brust und Rücken, dann ließen wir endlich los und floßen einfach dahin.

Wir kamen in ein paar neue Bereiche und

stießen an einige Grenzen, die wir in der nächsten Übungssitzung versuchen wollen zu überwinden. Wir trauen uns durchaus zu, daß wir mit etwas Übung den Durchbruch schaffen. Das Ganze ist schon viel leichter geworden. Gefühle beeinträchtigen uns nicht mehr so sehr wie am Anfang.

Achtes Paar

Ein großartiges Gefühl von Abgeschiedenheit, sehr angenehm. Der langsame Atem und Puls fühlten sich sehr gut an. Wir kletterten gemächlich die Gefühlsskala auf und ab, wurden von Zeit zu Zeit mit viel Getöse in neue, wieder andere Räume geschoben. Aus weiter Ferne hörten wir die Stimme einer Frau, die nach uns rief. Wir dachten, es sei vielleicht die Seminarleiterin.

Formen traten auf, die uns das Gefühl gaben, am Hof eines Königs zu sein. Wir hörten eine Stimme, die einen laufenden Kommentar abgab und uns daran erinnerte, daß es fünf Höfe mit fünf Königen gibt. Auf einmal wurden wir in etwas transportiert, das der „neue Hof" hieß. Als wir unsere Erfahrungen später verglichen, stellten wir fest, daß wir beide dieselben Dinge gehört hatten.

Dann wurden wir mit großer Geschwindigkeit durch Sterne und Galaxien gewirbelt, einem weit entfernten Ziel entgegen. Ehe wir es erreichten, wurde alles schwarz. Von dem Augenblick an fehlt uns jede Erinnerung bis zu dem Punkt, als wir wieder in den Körperbereich zurückkehrten.

Neuntes Paar

Wir waren sehr damit beschäftigt zu überlegen, warum wir hier sind, mit Erinnerungen, Tratsch, Geldsorgen.

Die Atmosphäre wurde wärmer, und wir fingen an, spiralförmig abwärts zu fließen. Dann fielen wir in den Körperbereich zurück und merkten, daß die Wirklichkeit, in der wir zu sein geglaubt hatten, nicht die alltägliche war.

Zehntes Paar

Am Anfang viele Körperempfindungen, dann visuelle Phänomene und Klänge. Wir wurden ungeduldig und verloren den Mut, doch gleich darauf schafften wir den Durchbruch.

Ein weißes Licht erschien aus dem Nichts und schwebte eine Weile über uns. Dann erlosch es langsam. Wir hatten ziemliche Angst, wir würden den Rückweg nicht mehr finden, sollten wir uns verirren, aber nach einer Weile legte sich dieses Gefühl.

Der Bereich, in dem wir landeten, sah zunächst etwas eigenartig aus, aber dann entspannten wir uns. Es war ein äußerst ruhiges und friedliches Gefühl. Sah aus wie Mittelerde.

Am Ende war eine Art Höhle, an deren Eingang ein Register lag. Katzen liefen auf den Hinterpfoten umher. Dann hörten wir aus weiter Ferne ein Geräusch und merkten, daß es Zeit war, die Sitzung abzubrechen.

Elftes Paar

Es fing an mit der Idee, die Widerstände in unserer Beziehung genau anzusehen und herauszufinden, worum es eigentlich geht.

Doch plötzlich brachen wir in den Metabereich ein und begannen zu kreisen. Dann hörte das Wirbeln auf. Wir waren völlig weg und können uns an nichts mehr erinnern, bis wir wieder in den Körperraum kamen. Wir hatten ein Gefühl von großer Empfänglichkeit füreinander, und das ist jetzt, eine Stunde später, immer noch so.

Zwölftes Paar

Am Anfang waren wir völlig verspannt und unruhig, weil wir heute zu viel herumgelegen sind. Wir stellten uns vor, wir seien Quallen.

Dann wurden wir plötzlich in einen Bereich geschleudert, wo wir eine Galaxis aus lauter Sternschnuppen waren, und wir gaben uns ganz diesem Gefühl hin.

An einem Punkt glaubten wir, an einem Tisch zu sitzen und Rippchem vom Grill zu essen, aber dann erkannten wir, daß das unmöglich sein konnte, und genauso plötzlich, wie das

Gefühl gekommen war, verschwand es wieder.

Wir merkten, daß wir wie in einem klebrigen Pudding schwammen. Wir konnten uns nicht bewegen und waren völlig von der Puddingmasse umgeben und eingeschlossen.

Das Geräusch unseres Herzschlags war so laut, daß wir uns auf nichts anderes konzentrieren konnten.

Wir fühlten uns desorientiert, doch dann entspannten wir uns. Wir hatten gerade losgelassen, da wurden wir von einer riesigen Woge erfaßt und mußten nach Atem ringen.

Ein blauer Nebel begann den Raum zu füllen, und wir sahen, daß jemand auf uns zukam. Kurz bevor diese Person uns erreichte, gab es ein Rumpeln, und eine Energiewelle durchflutete uns. Dann waren wir mit einem Schlag wieder zurück im Körperbereich.

Dreizehntes Paar

Diesmal wollten wir uns nicht schonen. Als wir aus dem Körperbereich ausbrachen, ergriff uns ein starkes Gefühl von Beständigkeit, das uns recht zuversichtlich stimmte.

Wir fühlten uns sehr bei uns selbst und bekräftigten unsere Absicht, auf diese Weise bis zum Ende durchzuhalten. Wir wußten, daß wir unser eigenes Erleben simulieren konnten, wenn wir wollten.

Wir begannen, ein Öffnen und Schließen zu spüren, wie bei einer Muschel. Dann fühlte es sich so an, als würde eine wunderschöne Blume ihre Blütenblätter öffnen und schließen. Kein Ausgang schien aus diesem Bereich zu führen. „Wir sitzen fest", dachten wir. Still baten wir unseren Geistführer, uns zu helfen, zu unseren Körpern zurückzufinden.

Wir dachten, wir seien zurück, und das Seminar sei zu Ende. Wir packten unsere Sachen und gingen nach Hause. Dann waren wir wieder im Metabereich. Das geschah mehrmals hintereinander.

Wir bekamen es mit der Angst zu tun, denn wir fürchteten, nicht wieder in den Körperbereich zurückkehren zu können, weil wir nicht wußten, welche Wirklichkeit die richtige war, und weil wir unsere Angstprogramme leugneten.

In einem Augenblick extremer Zweifel jetteten wir von diesem Ort zu einem neuen, wo wir ein Augenpaar sehen konnten. Von Zeit zu Zeit materialisierten sich vor unseren Augen wunderbare Ballette blauer und grüner Elektrizität. Bisweilen waren wir ziemlich frustriert, weil unsere Führer/innen nicht erschienen. Dann wurden wir in einen schmalen Raum geschoben, in dem ein loderndes Lichtdreieck zu sehen war. Wir fühlten uns, als würden wir auf der Oberfläche des Ozeans treiben und sachte von den Wellen hin- und hergeschaukelt werden.

Es wurde schnell dunkel. Nur gelegentlich ein Lichtblitz. Dann sahen wir endlich die Führer/innen, die sich auf uns zubewegten. Sie geleiteten uns aus dem dunklen Bereich hinaus in einen anderen, in dem alles funkelte und Licht an den Wänden herabfloß.

Von oben kam ein dumpfes, tosendes Geräusch, Lichtstrahlen begannen uns zu durchfluten, und wir fingen an, aufwärts zu fließen, als würden wir von Luftblasen unter uns nach oben getragen.

Dunkle Wolken bildeten sich über uns, die recht schnell die Gestalt wechselten. Sie fingen an zu tanzen, und nachdem wir ein wenig umhergewirbelt und heruntergefallen waren, wobei wir uns überschlugen, beruhigten sich die Dinge wieder.

Nach einer Weile begannen wir, Stimmen zu hören, erst nur eine, dann viele. Wir sahen ein paar Gesichter, die sehr laut und krächzend redeten. Als wir sie sahen, mußten wir lachen und sagen: „Wenn ihr wollt, könnt ihr uns führen.“

Das Gebrabbel der Stimmen und die Energie begannen, uns abzulenken, doch dann ließen wir uns darauf ein und fingen ein Gespräch mit den Stimmen an. Deren Kauderwelsch verdichtete sich zu einer lärmigen Geräuschkulisse, die aber nichts mit uns zu tun hatte. Wir hätten uns von ihr lösen können, hätten wir gewollt.

Es erschien ein uraltes, verwittertes Gesicht vor uns, das uns hin zu den Sternen zog.

Mit dem Gefühl, zu kauern, fanden wir uns in einem dunklen Raum wieder, in dem wir wunderschöne Gefühle von vollkommener Freiheit hatten. Es war gut, da zu sein, ohne uns über das Vergehen von Zeit Gedanken zu machen. Wir hatten nur eine sehr vage Vorstellung von uns selbst als existierende Formen.

Wir hatten das Gefühl, unter Freunden zu sein, und obwohl wir niemanden sehen konnten, konnten wir ihre Nähe spüren, wer immer oder was immer sie waren.

Es war schon etwas seltsam, diesen zeitlosen Zustand zu durchbrechen und wieder in der eingezwängten und schmerzhaften Wirklichkeit des Körpers zu sein. Wir wollten nicht wieder zurück, aber irgend etwas zwang uns dazu. Wir würden gerne herausfinden, was uns immer wieder in den Körperbereich zurückzerrt.

Fazit: Sind wir tatsächlich zurückgekehrt oder werden wir uns plötzlich im Metabereich wiederfinden?

METABEREICH

*D*er Übergang in den Metabereich, ins Zentrum der Leere, ist der wichtigste „Ortswechsel", der beim Objektiven Sex stattfindet. *Er wird erreicht, indem man über den Körperbereich hinausgeht.* Es ist wichtig, den Metabereich zu erkennen, denn wenn man weiß, daß man sich in ihm befindet, weiß man auch, daß man den Körperbereich transzendiert hat.

Den Metabereich erkennt man an seinen Erscheinungen.

Der Schlüssel zum Phänomen des Metabereichs ist, daß auch Ihr Partner hineingerät, wenn Sie es tun. Anders ausgedrückt: Findet eine Veränderung Ihrer Wahrnehmung statt, können Sie davon ausgehen, daß Ihr Partner dasselbe sieht, weil Sie denselben, objektiven Bereich miteinander teilen.

Zunächst mögen Sie den Metabereich nur für kurze Momente erfahren, doch Sie werden sich daran gewöhnen, und mit etwas Übung werden Sie die Zeit verlängern, die Sie gemeinsam dort verbringen.

Erscheinungen im Metabereich

1. Alles wird heller, wie von innen beleuchtet.
2. Sie sehen klarer, aber Gegenstände werden verschwommen und von weit weg wahrgenommen.
3. Farben und Töne sind intensiver. Alles scheint eine Erweiterung der anderen Person zu sein.
4. Die Wände leben. Die Dinge scheinen beseelt zu sein.
5. Alles sieht zerbrechlich, kostbar und verheißungsvoll aus. Die Luft ist voller süßer Düfte.
6. Es herrscht ein euphorisches Gefühl. Sie fragen sich, ob Sie überhaupt noch einen Körper haben.
7. Sie haben allem gegenüber ein freundliches Gefühl.
8. Es besteht der Drang, über die Beschaffenheit des Universums und Ihre Rolle darin zu lachen.

9. Es herrscht das Gefühl, etwas Einmaliges, aber Unaussprechliches zu wissen.

10. Es entsteht ein starker Wärmestrom und manchmal auch ein Lachen, sobald man akzeptiert, dort zu sein.

11. Mit der Unendlichkeit ist in einer Entfernung von etwa zwei Metern plötzlich Schluß.

OBJEKTIVER SEX
IN DER THEORIE

Um zu verstehen, was beim Objektiven Sex geschieht, müssen Sie die Beziehung zwischen dem Alltagsbewußtsein, der Psyche, einerseits, und dem Superbewußtsein, dem erweckten Unbewußten oder der Essenz, verstehen.

Die Essenz steht für das Wahre Selbst und nicht für die Psyche. Wir werden diese Begriffe gleich zu Anfang definieren, um sie zu klären und besser zu verstehen.

Die Essenz oder das Wahre Selbst besteht aus achtzehn Hauptgewohnheiten. Diese automatischen Programme sind für ihre Existenz nicht auf irgendwelche äußeren Einflüsse angewiesen. Sie sind diejenigen Bestandteile des Bewußtseins und der Identität, die den Tod überleben. Die Essenz wird auch der *Körper der Gewohnheiten* genannt.

Unter optimalen Bedingungen sollten die Gewohnheiten, die in der Essenz angelegt sind, automatisch den Antrieb dafür liefern, ein bewußtes Leben zu leben, als höheres Wesen wiedergeboren zu werden und in jedem Leben zu erwachen.

In den meisten Menschen haben sich die Gewohnheiten, aus denen die Essenz besteht, zufällig angesammelt und erzeugen so Antriebe, in niedriger Form wiedergeboren zu werden, Besitz anzusammeln, auf aggressive Weise Macht auszuüben und in Angst und Unwissenheit zu leben. Was ist geschehen, daß es soweit kommen konnte?

Gewohnheiten bilden sich auf natürliche Weise aus der Erfahrung in Raum und Zeit. Gewöhnlich sollten Raum/Zeiterfahrungen keine Auswirkungen auf den Körper der Gewohnheiten haben, aber um diese Immunität zu erwerben, muß man den Höheren Körper der Siebten Sphäre kristallisiert haben. Ist dies nicht geschehen, können die in der Essenz enthaltenen Gewohnheiten unabsichtlich durch solche ersetzt werden, die von Raum/Zeiterfahrungen stammen. Diese Raum/Zeitgewohnheiten haben meistens mit Überleben und Lustgewinn zu tun.

Dem Überleben ist es egal, *wie* Sie überleben.

Das einzige, was zählt, ist, daß Sie es tun. Der Kampf ums Dasein läßt keinen Platz für eine Entwicklung der Essenz, weil Bewußtsein und wahres Mitgefühl nicht wirklich lebensnotwendig sind. Man kann diese Sammlung von unbewußt erworbenen Gewohnheiten nennen, wie man will, zum Beispiel *Essenz*, *Karma*, *DNS*, *Seele* oder *Transit-Führer*. Durch die Handlungen des Körpers der Gewohnheiten ist man hilflos dazu getrieben, immer wieder dieselben Geschichten zu inszenieren, dieselbe Persönlichkeit zu bilden und Beziehungen mit denselben Menschentypen einzugehen. Wir sind so lange zur endlosen und ewigen Wiederholung verdammt, bis diese grundlegenden Gewohnheiten durch bewußte Gewohnheiten ersetzt werden. Das kann nicht zufällig oder durch äußere Einflüsse geschehen. Diese endlose Wiederholung des Lebens wird als *Rad der Wiedergeburten* oder der *Wiederholungen* bezeichnet.

Wie wirkt sich das auf unser Leben aus?

Die Essenz übernimmt in Streßmomenten die Kontrolle, weil dann für kein anderes Wissen Platz ist.

In gewohnten und ruhigen Phasen werden wir von unserer Psyche beherrscht, mit der wir uns identifizieren. Die Psyche besteht ebenfalls aus Gewohnheiten, doch diese überstehen keinen Streß. Es sind unsere kleinen Gepflogenheiten, erzeugt und programmiert durch soziale und kulturelle Konditionierung. Dazu gehört unter anderem die Gewohnheit zu essen, zu schlafen, zu atmen, zu denken, sich zu bewegen, Geschlechterrollen zu übernehmen, Gedächtnis, Körperwahrnehmung und Sprache. Die Psyche besteht aus Verstand plus Körper plus Nervensystem. Die Muskeln gehören nicht dazu, denn das Muskelsystem ist der physische Ausdruck der Essenz.

Bei Streß ist die Psyche gezwungen, sich zu verschließen. Jetzt regiert das Muskelsystem den Organismus und handelt im Sinne eines sehr einfachen Überlebensmechanismus.

Im Alltag dominiert die Psyche die Essenz, denn das Leben erscheint sehr kompliziert, und die Essenz ist zu einfältig, um damit umzugehen. Irgendwann überläßt die Essenz die Kontrolle über den Organismus der Psyche. Das nennen wir den „Großen Selbstbetrug".

Während einer Streßphase verschließt sich die Psyche. Streß erzeugt über das Nervensystem starke elektrische Spannungen. Die Psyche kann keine hohen elektrischen Ladungen aushalten und zieht sich zurück, bis die Aufregung vorbei ist.

Die Essenz übernimmt in Notfallsituationen, weil sie unter der hohen elektrischen Spannung, die vom Körper unter Streß produziert wird, funktionieren kann. Sie ist aber auf das Kopieren früherer Handlungsweisen programmiert, die sich zum Überleben bewährt haben. Dieses Verhalten kann mittlerweile völlig unangebracht oder gar schädlich sein, aber die Essenz wird es gerade deshalb stur wiederholen, *weil es früher einmal funktioniert hat.*

Beobachtet man sich unter extremen Streßbedingungen, kann man sehen, warum dieses Thema jeden angeht, der Erfahrungen mit Objektivem Sex zu machen wünscht.

Unter den gewohnten Lebensumständen sind die Handlungen, die Einstellungen und die Erfahrungen der Essenz alles andere als bewußt. Und dennoch ist die Essenz die Identität, mit der man Sex erlebt, denn Sex bringt starken Streß mit sich.

Wenn man sich der tiefgreifenden Programmierungen bewußt ist, aus denen der Körper der Gewohnheiten besteht, will man sie normalerweise erst einmal durch gute Gewohnheiten ersetzen. Wenn man jedoch nicht weiß, was verändert werden muß, macht man die Dinge möglicherweise noch schlimmer, als sie schon waren.

Vielleicht beschließt man auch, alle Gewohnheiten abzulegen, was jedoch unmöglich ist. Gewohnheiten lassen sich nicht ausmerzen, denn die Essenz, das Wahre Selbst, besteht aus Gewohnheiten. Man kann das Selbst dem Selbst nicht wegnehmen.

Es ist sinnvoll, die Essenz bewußt verändern zu

wollen, doch dies kann nur geschehen, wenn die tiefen Schichten in den Muskeln und im Bewegungsapparat erreicht und verändert werden.

Die meisten Menschen haben Angst vor ihrer Essenz. Sie verbringen ihr ganzes Leben auf der vergeblichen Suche nach Möglichkeiten, Streß zu vermeiden, und stärken damit ihre Psyche, so daß sie die Kontrolle behält. Das ist sicher besser, als Amok zu laufen. In modernen Kulturen werden deshalb allerlei Formen der Selbstberuhigung eingesetzt, um den ungewollten Zusammenbruch der kulturellen Programmierung zu verhindern.

Natürlich wird dadurch jegliches Wachstum der Essenz verhindert, denn wird sie nicht gefordert, dann ist sie auch nicht offen für neue Lernerfahrungen oder eine Neuprogrammierung. Gewisse Arten von Streß sind ungeeignet, um Gewohnheiten zu ersetzen, andere sind es nicht. Der durch Drogen induzierte Streß ist beispielsweise eine Methode, um alte Gewohnheiten durch neue zu ersetzen, doch geschieht dies zufällig und meistens wird dabei die ursprüngliche Konditionierung verstärkt. Auf diese Weise kann man der Essenz sehr schaden. Ist sie überhaupt geneigt, an sich zu arbeiten und ihre Entwicklung voranzutreiben, ist es am besten, man greift nicht ein, ehe man weiß, wie die Maschine zu reparieren ist.

Die Essenz liegt unter dem falschen Glanz der Psyche verborgen, denn den meisten Menschen würde es sehr schwer fallen, auf einfache Weise zu funktionieren. Es wäre ihnen äußerst peinlich, wären sie zeitweise nicht in der Lage, zu lesen, zu schreiben oder zu reden. Ihre Essenz hat sich vielleicht schon in sehr jungen Jahren verschlossen und hat sie in einem Zustand zurückgelassen, in dem sie kaum mehr tun können, als den Mund aufzumachen und Milch zu saugen.

Viele Yogis und Fakire, die ihre Psyche zu plötzlich zerstören, sind in einer solchen Verfassung.

Es ist aber möglich, die Essenz darauf vorzubereiten, ohne die Psyche zu funktionieren. Diese Vorbereitungen auf den Zusammenbruch nennt man den „Weg des Schlauen Mannes". Anstatt zu einem hilflosen Säugling zu werden, ist man dann fähig zu *tun*.

Durch den bewußten Einsatz von *Streßfaktoren* kann die Essenz mehr oder weniger kontinuierlich gefordert werden. Diese besondere Art von Streß wird durch den bewußten Kampf mit sich selbst und mit der eigenen Natur erzeugt. Es ist ein Kampf zwischen den höheren und niedrigeren Zentren, von denen jedes seine eigenen Ziele verfolgt.

Viele Menschen glauben, daß Buddha unter dem Bodhi-Baum gesessen habe, um sich zu entspannen, und daß Meditation eine Erholung vom Streß sei. Das Gegenteil ist wahr. Die Technik der Meditation – das „Stillsitzen" – ist dazu da, eine Auseinandersetzung mit dem Wunsch nach äußeren und inneren Reizen herbeizuführen.

Nur durch diese stete Auseinandersetzung ist es möglich, in die Essenz vorzudringen, um die feinen Veränderungen vorzunehmen, die für ein bewußtes Leben nötig sind. Solange die Essenz unter der verdunkelnden Macht der Psyche begraben liegt, ist kein wirklicher Wesenswandel möglich. Sie können Ihr Denken, Ihre Persönlichkeit und Ihre grundlegenden Angewohnheiten ändern, doch das alles wird zu keinem bleibenden Wunsch führen. Alles wird so sein wie vorher.

Selbst wenn man bereit ist, bewußten Streß auf sich zu nehmen, nimmt dies meist eine negative Form an. Anstatt die richtigen Streßfaktoren einzusetzen, zieht man angenehme Formen vor und wählt subjektive Kunst, Ausdruckstanz, Musik und beruhigende Meditation als „Streßfaktoren".

Wir finden es richtig, uns geistig und körperlich zu entwickeln, denn schließlich wollen wir Erfolg haben und uns wohl fühlen. Den meisten Menschen reicht das, und der ewige Kreislauf der Wiederholungen macht ihnen nichts aus, weil sie sich nicht an ihn erinnern.

Wenn Sie lernen, die automatischen Reflexe der Essenz *methodisch* durch bewußte Gewohnheiten zu ersetzen, wie zum Beispiel beim Objektiven Sex, wird es Ihnen gelingen, Körper, Geist und Gefühle in eine Form zu bringen, in der Sie sie richtig einsetzen können. Dann sind Sie bereit, die wirkliche Arbeit zu beginnen, die Kristallisierung höherer Körper.

GRUNDÜBUNGEN

Erste Übung: Gelassenheit

Führen Sie mit Ihrem Partner beim Sex ein Gespräch, als ob Sie etwas völlig anderes täten.
Sprechen Sie mit gleichmäßiger Stimme, ohne besondere Betonungen, kein Ächzen und Stöhnen, keine Ohs und Ahs.
Versuchen Sie nicht, den Orgasmus zu vermeiden, sondern bleiben Sie ruhig, gelassen und entspannt. Will das nicht gelingen, versuchen Sie, den Orgasmus als langweilig zu empfinden. Entspannen Sie vor und während des Orgasmus die gesamte Bauchmuskulatur. Das ist sehr wichtig.

Zweite Übung: Das weiße Kaninchen

Setzen Sie sich aufrecht hin, der Mann im Schneider- oder im Lotossitz, die Frau auf seinem Schoß, die Beine um seine Hüften geschlungen. Bleiben Sie in dieser Stellung, während Sie sich über irgend etwas Imaginäres unterhalten.

Beispiel:

„Hast du eben dieses weiße Kaninchen gesehen?"

„Meinst du das mit der goldenen Taschenuhr?"

„Ja!"

„Trug es karierte Hosen und eine Weste?"

„Ja, genau das!"

„Hat dieses Kaninchen nicht etwas gemurmelt, daß es zu spät zu einer wichtigen Verabredung kommt?"

„Ja, das ist es."

„Tut mir leid, nie gesehen."

Dritte Übung: Der Mönchsverein

Setzen Sie sich hin wie in der zweiten Übung und schauen Sie sich in die Augen. Entspannen Sie Ihre Gesichts- und Bauchmuskeln.
Erzählen Sie einander Witze. Versuchen Sie,

nicht zu lachen, und bringen Sie die Pointe in einem möglichst ausdruckslosen Ton.

Anstatt zu lachen, sagt Ihnen Ihr Gegenüber einfach, ob es ein guter Witz war oder nicht. Wenn Sie wollen, können Sie sich ablösen. Diese Übung ist besonders geeignet, um mit einem Großteil der gesellschaftlichen Prägung betreffend Sex aufzuräumen.

Beispiel:

„Kennst du schon den mit dem Handelsreisenden?"

„Ja."

„Ich erzähl ihn dir trotzdem."

„Bitte."

„Also da gab's diesen Vertreter, der lebte auf einer Insel ..."

„Das war echt witzig. Jetzt erzähl ich dir einen."

Vierte Übung: Anmache

Sie fangen beim Sex eine Unterhaltung an, als hätten Sie sich gerade an einer Straßenecke kennengelernt oder würden in einem Zimmer voller Leute stehen, etwa auf einer Party.

Beispiel:

„Was bist du eigentlich für ein Sternzeichen?"

„Geht dich nichts an."

„Moment mal, ich wollte dich nicht anmachen. Du kamst mir nur irgendwie bekannt vor."

„Klar."

Fünfte Übung: Tom Jones

Gehen Sie in ein Restaurant oder an einen anderen öffentlichen Ort und erfinden Sie eine Konversation, als seien Sie gerade dabei, einander wild zu lieben. Sie sitzen aber nur ruhig da und essen, während Sie so reden.

Führen Sie das Gespräch so leise, daß die Gäste am Nachbartisch nichts davon mitbekommen. Es wäre nicht gut, andere, die das gar nicht wollen, auf Ihren Trip mitzunehmen.

Beispiel:

„Oooh ... Ja, mach das noch mal! Das tut sooo gut."

„Ja mein Schatz, so ist es schön."

„Aechz ... Stöhn ... Mmmh!"

(Für weitere Beispiele siehe die einschlägige Comicliteratur.)

Selbstverständlich sitzen Sie während dieser verbalen Inszenierung ganz ruhig da, lesen die Speisekarte, bestellen Ihr Essen und so weiter und benehmen sich dabei so zwanglos wie möglich. Setzen Sie eine gelangweilte Miene auf, als würde Sie das Gespräch gar nicht so sehr interessieren, aber versuchen Sie, es so echt wie möglich klingen zu lassen, indem Sie einen verschwörerischen Ton anschlagen, der eine sinnlich-emotionale Stimmung erzeugt.

Sechste Übung: Einen Raum teilen

Setzen Sie sich im Schneidersitz einander gegenüber auf ein Bett oder auf den Boden. Kein Körperkontakt.

Versuchen Sie nicht, etwas zu tun oder für den anderen etwas darzustellen. Sie sehen sich einfach als zwei Wesen, die schon seit so vielen Millionen Jahren zusammen sind, daß es nichts mehr zu sagen oder zu tun gibt, weil alles bereits gesagt und getan worden ist. Schlafen Sie nicht ein und driften Sie nicht in Tagträume ab. Vermeiden Sie jegliches Phantasieren.

Vor allem sollten Sie nicht dem Drang nachgeben, zu lächeln, sich oder einander zu unterhalten oder sich durch nettes, niedliches oder interessantes Verhalten für das eigene Dasein zu entschuldigen. Wenn Sie gemeinsam so sitzen, betrachten Sie es wie ein Doppelasana, in welchem Sie regungslos verharren, bis die Übung beendet ist.

Falls Sie lachen oder die Übung unterbrechen, fangen Sie von vorne an. Dieses Asana sollte wenigstens fünfzehn Minuten am Stück durchgehalten werden. (Jede Bewegung, jeder Gedanke, jedes Abschweifen gilt als Unterbrechung.)

Sie schauen sich während der ganzen Übung in die Augen. Wenn möglich, konzentrieren Sie sich auf den Bereich des inneren Wesens hinter den Augen Ihres Partners.

Siebte Übung: Der Egotrip

Setzen Sie sich einander gegenüber und lächeln Sie sich an. Erzählen Sie dem anderen mit strahlendem Lächeln, was für ein wunderbarer Mensch Sie sind und warum Sie so fantastisch sind.

Dabei wechseln Sie sich ab. Jeder redet fünf Minuten lang, mit einer fünfminütigen Pause dazwischen, um das Gesicht zu entspannen. Nur der Partner lächelt, der gerade redet. Der andere hört einfach zu und nimmt alles, was sein Gegenüber sagt, schweigend auf.

Sie können ruhig Dinge über sich selbst erfinden, wenn Sie wollen. Es ist sogar viel witziger, wenn Sie so tun, als hätte es das wirkliche Sie nie gegeben.

Achte Übung: Lächerlichkeit

Bleiben Sie sitzen und lächeln Sie weiter. Jetzt erzählen Sie einander, was für miese Typen Sie sind. Sie wechseln sich ab und erzählen einander, warum Sie *nicht* toll sind. Dabei geht es nicht darum, den Partner zu erniedrigen, sondern sich selbst möglichst schlecht zu machen. Halten Sie sich nicht etwa deshalb zurück, weil es nicht stimmt und Sie in Wirklichkeit ein wunderbarer Mensch sind. Auch hier macht es viel mehr Spaß, Dinge zu erfinden, als sich an die Wahrheit zu halten. Sie können sich dabei auch gegenseitig unterstützen, zum Beispiel so:

Beispiel:
    „Erzähl mir eine Lüge über dich."
    „Gestern hab ich mit einem Gullideckel einen Wachhund erschlagen."
    „Noch eine."
    „Ich bin auf das Dach des Nachbarhauses geflogen, und wie ich wieder heruntergesegelt kam, begegnete ich einem Hahn, der gerade auf dem Weg nach oben war."
    „Mach weiter."

Je witziger die Geschichten sind, um so leichter wird es. Sie sollten mit dieser Übung fortfahren, bis Sie mühelos Lügen über sich selbst erfinden können.

Diese Übung verstärkt die Fähigkeit, sich von Egotrips,individuellen Ansichten und dem Bedürfnis nach einem gesteigerten Selbstwertgefühl zu distanzieren. Außerdem entspannt sie das Rückgrat.

Neunte Übung: Monotonie

Wann immer Sie zusammen sind, nach der Arbeit oder sonstigen Trennungen, seien Sie einfach nur da, ohne sich selbst oder Ihren Partner unterhalten zu müssen.

Reden Sie nicht, sehen Sie nicht fern, seien Sie eine ganze Woche lang einfach nur zusammen, wenn Sie beide gemeinsam zu Hause sind.

Keine Zeitungen und Illustrierten, kein Radio, keine Bücher oder andere Leute, um Unterhaltung zu bieten oder Sie von der Langeweile zu erlösen.

Sie sollten in der Lage sein, es eine Woche miteinander auszuhalten, ohne den Zwang, den anderen zu unterhalten oder sich unterhalten zu lassen.

Erzählen Sie keine Stories, geben Sie keine Zeichen und grinsen Sie nicht zur Auflockerung.

Wenn Sie dies wahnsinnig macht, sollten Sie die Beziehung vielleicht überdenken.

Werden Sie nicht stumpf oder gehässig. Es ist wichtig, das Zusammensein einfach nur zu geniessen, und auch wenn nichts läuft, lebendig und interessiert zu bleiben.

Es kann sein, daß es Ihnen gefällt und Sie dies einen Tag in der Woche tun. Fasten beim Sprechen wirkt ebenso wie Fasten beim Essen. Es empfiehlt sich hin und wieder sehr, um das Innenleben anzuregen und mit frischer Energie zu versorgen.

Am Ende fragen Sie sich vielleicht, wie es überhaupt so weit kommen konnte, daß all diese Ablenkungen zwischen Sie gerieten. An diese Übung kann man sich sehr schnell gewöhnen. Vielleicht verkaufen Sie schließlich sogar Ihren Fernsehapparat.

Die Beziehung unter die Lupe nehmen

Damit in Zuständen jenseits des Körperbereichs ein möglichst freier Austausch von Selbst und Identität zwischen Ihnen und Ihrem Partner stattfinden kann, ist es wichtig, sich der Möglichkeiten und Grenzen einer Beziehung bewußt zu werden. Hier sind einige Fragen, die bei der Klärung ihrer Dynamik helfen können:

1. Was ist an dieser Beziehung wichtig? (Machen Sie eine Liste.)
2. Wie tragen Sie zum Funktionieren Ihrer Beziehung bei?

3. Wie behindern Sie Ihre Beziehung?
4. Wieviel Aufwand erfordert diese Beziehung im Moment?
5. Wieviel sind Sie bereit, in Zukunft in diese Beziehung zu investieren?
6. Welche Priorität räumen Sie auf einer Skala von eins bis zehn, mit eins als höchstem Wert, den folgenden Bereichen ein?

1. Sich selbst,
2. Ihrem Partner,
3. andernen Menschen,
4. Ihrem Zuhause,
5. Sex,
6. Liebe,
7. Ihrer Familie,
8. Ihrer Arbeit,
9. Ihrer Freizeit,
10. Ihrer spirituellen Entwicklung,
11. Vergnügungen,
12. Ihren Wünschen,
13. materiellen Dingen,
14. Reichtum und gesellschaftlichem Status.

WEITERFÜHRENDE
ÜBUNGEN

Erste Übung: Woher kommt es?

Setzen Sie sich einander gegenüber und schauen Sie sich direkt in die Augen. Dabei wiederholen Sie mehrmals langsam zusammen:

„Ich ... Ich ... Ich ..."
„Du ... Du ... Du ..."
„Gott ... Gott ... Gott ..."

Achten Sie darauf, daß der Klang dieser Worte jedesmal von einer anderen Stelle in Ihrem Körper zu kommen scheint. Bestimmten Sie beim Aussprechen jedes Wortes, wo genau sein Klang mitschwingt oder von welcher Stelle er ausgeht.

Beispiel:

„Ich ..." (im Mittelpunkt des Kopfes)
„Ich ..." (nochmals im Kopf)
„Ich ..." (jetzt im Hals)
„Du ..." (hinter den Augen)
„Du ..." (hinter deinen Augen)
„Du ..." (mitten im Herzen)
„Gott ..." (schwingt leicht über meinem Kopf)
„Gott ..." (hinter mir)
„Gott ..." (überall um uns)

Als nächstes bestimmen Sie, an welcher Stelle Sie den Klang des Wortes mitschwingen lassen wollen und lassen ihn dort seine Mitte finden. Beim dritten Mal lassen Sie jedes Wort dieser Übung still klingen und achten darauf, wo es seinen Widerhall findet. Möglicherweise müssen Sie eine Weile üben, bis das funktioniert.

Zweite Übung: In einer einzigen Form fließen

Verschränken Sie Ihre Körper ineinander und lehnen Sie sich zurück, wobei Sie einen einzigen Körper bilden, mit jeweils einem Kopf an beiden Enden.
Es ist wesentlich, daß Sie sich während der ganzen Übung nicht mehr bewegen, wenn Sie einmal die richtig Stellung gefunden haben.
Zunächst dehnen Sie Ihre Aufmerksamkeit auf

Ihren gesamten Körper aus. Sie schicken Ihre innere Wahrnehmung Ihren Körper entlang auf und ab, wobei Sie zwischen Ihren eigenen Körperempfindungen und denen Ihres Partners unterscheiden. Fühlen und spüren Sie Ihren eigenen Körper.

Jetzt erlauben Sie es Ihrer Körperwahrnehmung, in die Ihres Partners überzugehen, und fühlen seinen Körper, als wäre es Ihr eigener. Nehmen Sie die Gefühle und Regungen des Körpers Ihres Partners an, ganz gleich, was Sie dabei empfinden. Wichtig ist, daß Sie akzeptieren, daß dies möglich ist.

Erlauben Sie sich das Gefühl, in beiden Körpern gleichzeitig zu sein, und fließen Sie mit Ihrem Bewußtsein durch alle beide, als hätten Sie eine gemeinsame Form. Stellen Sie sich vor, Sie hätten einen Riesenkörper mit vier Armen und einem Kopf an beiden Enden.

Dritte Übung: Aufrechte Variation der Fließübung

Führen Sie die gleiche Übung noch einmal durch, doch diesmal sitzend statt liegend. Halten Sie sich an den Handgelenken und entspannen Sie die Schulter, Nacken- und Gesichtsmuskeln.

Es geht leichter, wenn Sie die Augen schließen

oder die Stirnflächen aneinander legen. Wenn Sie Ihre Stirn an die Ihres Partners legen, sehen Sie den „Einäugigen Geliebten".

Vierte Übung: Stillhalten und Kontrolle

Erster Teil:

Der Mann dringt etwa drei Zentimeter in seine Partnerin ein und hält diesen Zustand.
Sie verharren beide absolut unbeweglich, wie in einem Asana, atmen normal und lockern alle auftretenden Verspannungen sofort. Gesichts- und Nackenmuskeln verspannen sich wahrscheinlich als erste.
Bleiben Sie fünf Minuten in dieser Stellung und brechen Sie dann ohne weitere sexuelle Handlung oder Stimulation ab. Entschuldigen Sie sich nicht für das abrupte Ende. Das Ziel wurde erreicht.

Zweiter Teil:

Sie tun dasselbe noch einmal einige Tage später, ohne in der Zwischenzeit Verkehr gehabt zu haben. Diesmal halten Sie zehn Minuten still und brechen dann ohne weiteren Kontakt ab. Der männliche Partner soll sich nicht um eine weitere Erektion oder Penetration bemühen.

Dritter Teil:

Führen Sie dieselbe Übung einige Tage später noch einmal durch. Halten Sie diesmal den im ersten Teil beschriebenen regungslosen Zustand für eine halbe bis zu einer ganzen Stunde, je nach dem, wie lange Sie es körperlich und gefühlsmäßig aushalten.

Während der Dauer dieser Übung, die sich über einen Zeitraum von neun oder zehn Tagen erstreckt, sollten ausschließlich die beschriebenen sexuellen Kontakte stattfinden.

Fünfte Übung: Den Abbruch beherrschen

Brechen Sie bei Ihrem normalen sexuellen Zusammensein den Kontakt ab, ehe einer von Ihnen beiden zum Orgasmus kommt.

Gehen Sie sofort auf Abstand, ziehen Sie sich schweigend an und machen Sie irgend etwas anderes zusammen, nur keinen Sex.

Schlafen Sie danach mindestens vierundzwanzig Stunden nicht miteinander. Wenn es Ihnen unangenehm ist, Sie frustriert oder enttäuscht sind, finden Sie heraus, woher die entsprechenden Einstellungen und Erwartungen kommen.

Machen Sie sich klar, daß Ihr inneres Wesen eine sexuelle Begegnung auch ohne Orgasmus für vollständig hält.

Ihre Tierseele hingegen ist der Teil von Ihnen, der den Geschlechtsakt ohne Orgasmus nicht für komplett hält, und noch hinter dieser Programmierung insistiert der Überlebenstrieb Ihres Körpers auf das elementare Bedürfnis des Orgasmus.

Diese Übung entwickelt Ihre Fähigkeit, den Orgasmus zu umgehen, was eine wichtige Voraussetzung für Objektiven Sex ist.

Sechste Übung: Beinahe

Bereiten Sie sich durch ausgedehntes Vorspiel und Streicheln darauf vor, miteinander zu schlafen.

Kurz vor dem Eindringen hören Sie auf und lassen einander eine ganze Stunde in Ruhe.

Halten Sie sich auf die Minute genau an die Uhr.

Nach einer Stunde fahren Sie fort, als sei keine Zeit verstrichen. Achten Sie auf die durch diese Übung auftretenden Veränderungen Ihrer inneren Einstellung und besprechen Sie diese mit Ihrem Partner.

Wesentlich ist, daß sich Ihre Genitalien während des ersten Teils der Übung nicht berühren, nicht einmal für einen einzigen Augenblick.

Während der letzten Minute können Sie die Sekunden zählen.

Siebte Übung: Kontrolliertes Atmen

Setzen Sie sich einander gegenüber und atmen Sie langsam und normal ein und aus. Stellen Sie Ihren Atem so aufeinander ein, daß Sie einatmen, wenn Ihr Partner ausatmet.
Sie sollten nicht weiter als einen halben Meter auseinander sitzen und einander direkt in die Augen sehen.
Tun Sie dies fünfzehn Minuten lang und machen Sie dann eine Pause. Achten Sie darauf, weich und ruhig zu atmen, nicht etwa hart oder gepreßt.
Ändern Sie niemals Ihre Atemweise in größerem Umfang, wenn Sie nicht mit einem kompetenten Lehrer arbeiten.

Achte Übung: Das Kosmische Paar

Während Sie sich gegenüber sitzen, stellen Sie sich Ihren Partner als die andere Hälfte des Kosmischen Paars vor.
Beschreiben Sie laut seine kosmischen Eigenschaften. Ihre Beschreibung soll möglichst bunt und vielfältig sein. Die Beschreibungen der beiden Partner brauchen sich nicht zu gleichen.

Beispiel:
„Dein Körper ist blau, deine Augen sind sehr

groß. Du hast vier Köpfe und acht Arme. Ich sehe Wellen von Blitzen über deine Augenbrauen ziehen."

Diese Übung machen Sie am besten im Dunkeln. Die Augen bleiben offen.

Neunte Übung: Konzentration

Sie sitzen zusammen vor einer Kerze.

Richten Sie Ihre Aufmerksamkeit auf einen Punkt leicht oberhalb der Flamme. Versuchen Sie, dort eine zweite ätherische Flamme zu sehen. Wenn Sie sie sehen können, stülpen Sie sie über die physische Flamme, bis beide für einen Moment verschwinden, indem sie sich gegenseitig ausblenden.

Führen Sie die ätherische Flamme wieder an ihren ursprünglichen Platz zurück und richten Sie Ihre Aufmerksamkeit auf etwas anderes.

Schließen Sie die Augen und reinigen Sie sich, indem Sie langsam ausatmen. Entspannen Sie sich einige Minuten, bis Sie es nochmal versuchen. Tun Sie dies mehrere Male, bis Sie die physische Flamme leicht mit der ätherischen verschmelzen können.

Zehnte Übung: Kategorien

Setzen Sie sich in etwa einem Meter Abstand einander gegenüber. Legen Sie zehn beliebige Gegenstände vor sich hin.

Einer stellt die Fragen. Die erste Frage lautet: „Was ist das?" Der Gefragte gibt darauf eine Antwort, die völlig aus dem Rahmen fällt. Die nächste Frage lautet: „Was macht man damit?" Wieder eine Antwort, die nichts mit gängigen Erklärungen gemeinsam hat.

Jetzt machen Sie dasselbe mit einem anderen Gegenstand. Jeder von Ihnen benennt und erklärt auf diese Weise zehn Gegenstände hintereinander.

Beispiel

„Was ist das?" (Sie halten ein Buch hoch.)

„Das ist ein Strudelmesser."

„Was macht man damit?"

„Strudel messen, natürlich."

„Ist ja klar." (Sie nehmen einen anderen Gegenstand.)

„Und was ist das?"

„Das ist ein Wiebelfetzer."

„Und was macht man damit?"

„Wiebeln fetzen ..., falls man sie zu fassen kriegt."

Elfte Übung: Spüren

Während Sie ruhig auf dem Boden oder auf einem Kissen sitzen, nehmen Sie Ihren Körper wie eine Skulptur wahr. Betrachten Sie Ihren Körper nur hinsichtlich seiner Form in einer bestimmten Pose, nicht als lebendigen Organismus.

Diese Übung hilft gegen das Bedürfnis, negative Gefühle auszudrücken. Gehen Sie dabei folgendermaßen vor:

Versuchen Sie nie, Ihre Gedanken oder Gefühle zu beobachten, wenn Sie sich in einem negativen Zustand befinden. Sie kommen und gehen zu schnell, und Sie werden immer hinter ihnen her sein wie hinter einem Schmetterling auf einer Wiese.

Die einzige Möglichkeit, negative Zustände in etwas Positives zu verwandeln, besteht darin, das Bewegungszentrum als Puffer zu verwenden. So kann der Organismus beobachtet werden.

Beobachten Sie einfach Ihren Körper, wie er den Zustand inszeniert, als würden Sie einem Schauspieler auf der Bühne zusehen.

Versuchen Sie nicht, die Negativität davon abzuhalten, sich zu manifestieren. Beobachten Sie lediglich die Reaktionen Ihres Körpers. Achten Sie nicht auf die Gedanken oder Gefühlszustände, die ihn bewegen.

Zwölfte Übung: Verschmelzen

Setzen Sie sich auf den Boden und schauen Sie auf eine Kerze, wobei Sie Ihren Blick ein kleines Stück unterhalb der Flamme auf den bläulichen Teil an deren Basis richten.

Spüren Sie, wie mit dem Schmelzen des Kerzenwachses auch Ihr Körper schmilzt. Nach einer Weile, wenn Sie meinen, Sie sollten mit der Übung aufhören, lassen Sie Ihren Körper einfach wieder zu seiner ursprünglichen Form erhärten.

Machen Sie, wenn nötig, Gebrauch vom „Spüren", um die Form Ihres Körpers zu visualisieren, damit Sie ihn wieder rekonstruieren können.

Dreizehnte Übung: Sich öffnen

Bereiten Sie sich auf diese Übung vor, indem Sie etwas Räucherwerk verbrennen.

Setzen Sie sich in einem verdunkelten Raum auf den Boden und stellen Sie sich vor, wie es für Sie wäre, wenn Sie niemals existiert hätten. Jetzt stellen Sie sich vor, wie das für Ihre Angehörigen und Verwandten, für Ihre Freunde und für Ihren Partner wäre.

Bleiben Sie so lange sitzen, bis Sie tatsächlich sehen können, daß Sie niemals existiert haben, und lassen Sie dann zu, daß Sie für einen Augenblick – wenn möglich – aufhören zu sein. Dann lassen Sie sich wieder existieren und beenden die Übung, indem Sie aufstehen und einen tiefen, reinigenden Atemzug machen.

Die Vorteile langsamer Atmung

Rhythmisches, langsames Atmen ist ein wichtiger Faktor beim Objektiven Sex. Wenn rhythmisch ausgeführt, kann langsames Atmen das Sonnengeflecht zu erhöhter Aktivität anregen und die sexuelle Energie aus dem Wurzelchakra völlig erschließen. Das Ausstrahlen dieser Energie durch den ganzen Körper durchbricht die physische Grenze zum Metabereich.

Wird das Summ-Mantra in Verbindung mit der langsamen Atmung angewendet, führt dies zu einer teilweisen Öffnung des Sonnengeflechts. Dadurch wird es auf den späteren Einsatz bei der telepathischen Kommunikation und beim Teilen vorbereitet, beides wichtige Wahrnehmungsfunktion auf höheren Ebenen, wo eine Kommunikation durch Worte und Gesten nicht möglich ist.

Die langsame Atmung beherrschen

Halten Sie bei dieser Übung den Kopf aufgerichtet, die Bauchdecke eingezogen und die Wirbelsäule gerade.

1. Atmen Sie durch die Nase ein, füllen Sie erst den unteren Teil der Lungen, dann den mittleren und zuletzt den oberen. Seien Sie besonders bemüht, auch den hinteren Teil der Lungen zu füllen und nicht nur den vorderen, wie gewohnt.

2. Spüren Sie beim Einatmen die feinstoffliche Lebensenergie, die in der eingezogenen Luft enthalten ist.

3. Wenn die Lungen vollständig gefüllt sind, beginnen Sie auszuatmen, indem Sie erst die Brust langsam zusammenzuziehen, dann den hinteren Teil der Lungen entleeren und schließlich noch die Bauchdecke einziehen, um möglichst alle Luft herauszupressen. Beziehen Sie alle Brustmuskeln in diese Aktivität ein und ziehen Sie Ihre Brust so weit wie möglich zusammen, ohne daß es unangenehm wird.

4. Spüren Sie beim Ausatmen, wie der feinstoffliche spirituelle Körper nach außen über den physischen Körper hinausstrahlt. Spüren Sie sich als transformierendes Zentrum des Energiestrahls der Lebenskraft – als eine Quelle höherer Schwingun-

gen und transformatorischer Energie für alle Wesenheiten im Einflußbereich Ihrer Aura.

5. Beim Einatmen ziehen Sie die Schultern leicht nach oben und heben den oberen Brustkorb etwas an, um die Luftaufnahme zu unterstützen, bis die Atemwege völlig mit Luft gefüllt zu sein scheinen. Nur wenige Menschen machen tatsächlich vom hinteren Teil ihrer Lungenflügel Gebrauch, wodurch wirklich tiefes Atmen erst möglich wird. Es braucht etwas Übung, mit der hinteren Lungenpartie Kontakt aufzunehmen, aber es ist Ihrer Mühe und Aufmerksamkeit unbedingt wert.

6. Denken Sie bei dieser Übung daran, immer rhythmisch zu atmen und Ihr Atemmuster nicht zu stark zu verändern. Eine gute Methode besteht darin, den Atemrhythmus erst einmal beim Spazieren zu üben. Gehen ergibt einen natürlichen Rhythmus und läßt Sie sozusagen von selbst in ein regelmäßiges Atemmuster verfallen, das Sie dann nur noch zu vertiefen brauchen. Atemmuster sind etwas sehr Individuelles, daher können wir kein fertiges Schema anbieten, das für jeden Gültigkeit hat. Alle Atemübungen sollten langsam und stetig der persönlichen Atemkapazität angepaßt werden und sich nicht etwa nach einer vor-

gegebenen Anzahl Atemzüge pro Minute richten.

Wenn Sie zu radikal oder falsch vorgehen oder zu heftig oder unregelmäßig atmen, können andere Körperteile beeinträchtigt werden. Wenn Sie keinerlei Erfahrung mit dem Atem haben, empfehlen wir Ihnen, sich an einen erfahrenen Atemtherapeuten zu wenden, der Widerstände und Blockaden fachkundig auflösen hilft und Sie auf fortgeschrittene Übungen vorbereitet.

Das sympathische Nervensystem öffnen

Der Atem ist der Schlüssel zum Nervensystem, und dieses ist wiederum der Schlüssel zu höheren Bewußtseinsebenen. Der Atem ist das Feuer, das die geheimen Mantras der Inneren Hallen erhellt, ihn zu beherrschen, verleiht Ihrer Meditation Macht.

Im Lichte des Atems kann man die geheimen Mantras der Großen Mutter erkennen und somit Zugang zu immer höheren Bewußtseinsebenen erlangen.

Das *sympathische Nervensystem* besteht aus zehn Haupt-Nervenbahnen, die mit den anderen beiden Haupt-Nervensystemen, dem *parasympathischen* und dem *zentralen Nervensystem*, zusammenwirken.

In der linken Körperhälfte, innerhalb der Membran des Brustfells, das die Lungen umgibt, befindet sich der negative Teil des sympathischen Nervensystems. Diesen nennen wir *Heilige Vereinigung*.

Auf der rechten Seite, in der Lungenhülle, befindet sich der positive Teil des sympathischen Nervensystems, die *Heilige Bejahung*.

Zwischen diesen beiden, dort wo sie sich wie dünne, ineinander verschränkte Finger treffen, befindet sich ein anderer Teil, der auf dieselbe Weise funktioniert wie die Schleusenkammern eines Kanals. Beim Einatmen öffnen sich diese Kanäle, und werden sie von Energie durchflutet, schließen sie sich. Diese dritte Abteilung, die den katalytischen oder neutralisierenden Mechanismus zwischen den anderen beiden Teilen darstellt, ist der Puffer, der den Energieaustausch zwischen der *Heiligen Vereinigung* und der *Heiligen Bejahung* ermöglicht. Diese neutralisierende Abteilung nennen wir die *Heilige Versöhnung*.

Normalerweise sind diese Kanäle fast vollständig geschlossen und befinden sich nur sehr wenig im Einklang mit dem zentralen Nervensystem. Die meisten Arten von Atemmeditation und Bewegungsübungen haben die Funktion, sie zu öffnen und zu erweitern, damit ausreichend Energie durch sie hindurchfließen kann, um das gesamte Nervensystem zu erwecken.

Nur wenn das gesamte Nervensystem erweckt ist und eingesetzt wird, kann eine permanente Brücke zwischen Körper- und Metabereich geschlagen werden.

Die Methode:

1. Setzen Sie sich aufrecht hin, die Wirbelsäule gerade, die Zungenspitze gegen den Gaumen gelegt. Während Sie langsam atmen, lassen Sie das HUMM gleichzeitig im hinteren Gaumen und in der Bauchgegend schwingen (s. Seite 88).

2. Lassen Sie den Klang des Summ-Mantras ihre Atemwege hinabwandern, vom Mund in den Hals, dann ins Sonnengeflecht und in den Unterleib. Führen Sie ihn durch die „Heilige Versöhnung" in die „Heilige Verneinung", die linke Seite hoch und dann noch einmal durch die „Heilige Versöhnung" zur „Heiligen Bejahung" auf der rechten Seite, die rechte Seite hinunter bis zum Steißbein und wieder hoch durch das Zentrum der „Heiligen Versöhnung", durch die Nackenwirbel hindurch in Ihren Kopf, wo er an der Schädeldecke abprallt und schließlich durch die Zirbeldrüse die Nasenwurzel zwischen den Augen erreicht.

3. Wenn der Klang aus dem Körper austritt, ziehen Sie die Energie zurück in Ihr Wurzelchakra, indem Sie das Mantra „Gaah!" anstimmen. Jetzt machen Sie das Ganze noch einmal von vorne. Dies tun Sie mehrmals täglich.

Am Anfang werden Sie feststellen, daß die Kraft Ihres Atems nicht ausreicht, um die ganze Übung durchzustehen, doch mit etwas Übung wird es Ihnen gelingen, das Tor zu Ihrem Nervensystem zu öffnen, dessen Kanäle sich auf diese natürliche Weise mühelos erweitern lassen.

In ein paar Monaten werden Sie fähig sein, den ganzen Übungsablauf in Verbindung mit dem Summ-Mantra zu Ende zu führen und so die Zirbeldrüse, das sogenannte *Dritte Auge* der essentiellen Wahrnehmung, finden und öffnen. Dann sollten Sie sich mühelos von außen sehen und Äußerliches mit geschlossenen Augen wahrnehmen können.

Gehen Sie diese Übung schrittweise an und lassen Sie Ihren Atem sich ganz von selbst vertiefen. Es ist gefährlich und unnötig, diese Tiefe zu erzwingen. Es wird nicht lange dauern, bis Sie Atemzüge von einer Minute und mehr machen können.

Es hilft, den Weg Ihres Atems und seiner Energie beim Durchgang durch die „Heilige Vereinigung", „Heilige Bejahung" und „Heilige Versöhnung" Ihres Nervensystems mit dem Finger zu verfolgen.

Nach einer Weile werden Sie diese Strömungen ganz natürlich durch Ihr System fließen fühlen.

Energie für Objektiven Sex

Normalerweise sind Zunge und Mund Organe für das Sprechen und die Nahrungsaufnahme. Mit ihnen lassen sich jedoch noch weitere Wirkungen erzielen, nämlich eine Magnetisierung des physischen *planetarischen* und des ätherischen *solaren* Körpers.

Legen Sie die Zungenspitze gegen den Gaumen, wird vom Sonnengeflecht neurale Energie freigesetzt, die durch das Nervensystem schießt.

Diese Schwingung findet ihre Resonanz in den Muskeln, die daraufhin beginnen, Hochspannung durch den Körper zu senden. Auf diese Weise kann das Wurzelchakra angezapft werden, das Energie für Objektiven Sex liefert. Auf gewöhnliche Weise kann es nicht geöffnet werden und liefert daher auch keine Liebeskraft. Keine geistige Anstrengung vermag die Energie des Wurzelchakras zu mobilisieren.

Als eine Nebenwirkung dieser Übung erhöht sich die Abwehrkraft gegen Außentemperaturen, besonders gegen Kälte. Diese Wirkung auf den Kontrollmechanismus der Körpertemperatur wird *Dumo-Hitze* genannt.

Wird die Zungenspitze in den hinteren Gaumen gelegt, erweitern sich die Atemwege zwischen Nebenhöhlen und Lungen. Dadurch ist es möglich, die Lungen bei der langsamen Atmung vollständiger mit Luft zu füllen.

Summ-Mantras

Die Muskeln des Körpers können durch Anstrengung und Gymnastik trainiert werden, mit dem Gehirn ist das jedoch nicht so einfach.

Stellen Sie sich das Gehirn als ein Musikinstrument vor, das Sie mit Hilfe eines Tones stimmen wollen. Stellen Sie sich außerdem vor, daß es das zentrale, sympathische und parasympatische Nervensystem beinhaltet.

Das ist der erste Schritt auf dem Weg zur wirklichen Öffnung über den Körperbereich hinaus.

1. Legen Sie die Zunge ganz nach hinten gegen Ihren Gaumen.
2. Ziehen Sie die Bauchdecke leicht nach innen und nach oben, ohne sich dabei zu verspannen.
3. Beginnen Sie zu summen, erst ganz sanft, dann immer schneller und lauter.

4. Machen Sie weiter, bis Sie alle Teile Ihres Körpers, jede einzelne Zelle, Ihr Gehirn und Ihr Nervensystem mit dem Klang Ihrer Stimme mitschwingen spüren.

5. Dann stellen Sie sich diesen Ton nur vor, als würden Sie ihn im Hals produzieren, ohne ihn jedoch wirklich erklingen zu lassen, bis Sie seine Resonanz im Körper genauso spüren, als hätten Sie ihn tatsächlich hervorgebracht.

Es ist gut, wenn Sie einen Lehrer haben, der Ihnen dabei helfen kann, die richtige Tonlage, den eigentlichen Ton und die richtige Nasenatmung zu lernen. Ein Versuch ist jedoch besser als gar nichts, und mit etwas Übung sollte es Ihnen normalerweise gelingen, den richtigen Ton auch alleine zu erkennen und zu treffen.

„Humm-Yangm-Gaah"

Dieses Mantra kann jederzeit im Alltag geübt werden, indem man den Ton beim Autofahren, beim Gehen oder überall sonst skandiert, wo man niemanden damit stört. Ist das nicht möglich, kann das Mantra still verwendet werden. Immer wenn Sie einen Mangel an Energie verspüren oder sich kraftlos fühlen, sollten Sie diese Summübung machen. Sie wird Ihnen helfen, inneres Gleichgewicht und Harmonie zu finden.

Erzeugt ein Mantra keine Resonanz, machen Sie es nicht richtig.

„Humn-Humn-Humn"

Dieses Mantra, als Summ-Mantra ausgeführt, bringt die sexuelle Energie zu einem Höhepunkt. Wollen Sie diese Energie wieder lösen und zum Wurzelchakra zurückbringen, atmen Sie einfach aus und seufzen: „Gaah!".

„Hunga-Linga"

Ein gutes Mantra, um das Herz schwingen zu lassen. Es braucht dazu jedoch die richtige Tonlage und den richtigen Ton. Es handelt sich um einen ziemlichen hohen Ton. Versuchen Sie, die richtige Tonlage zu finden, indem Sie in Ihrem ganzen Körper nachspüren und feststellen, wann Sonnengeflecht und Herz mit dem Klang des Mantras mitschwingen.

Haben Sie die richtige Tonlage einmal gefunden, kann dieses Mantra auch still verwendet werden.

Eine Technik, um durch das Summ-Mantra Kontakt zu Ihrem Partner aufzunehmen:

1. Setzen Sie sich einander aufrecht gegenüber und halten Sie Augenkontakt.
2. Beginnen Sie kräftig zu summen und fühlen Sie die Resonanz in Ihrem Körper.
3. Vereinigen Sie Ihre beiden Summtöne, bis sie in Harmonie sind. Dann lassen Sie den Ton langsam ausklingen, bis Sie schließlich nur noch in Ihrer Vorstellung summen.
4. Machen Sie so lange weiter, wie die gemeinsame Schwingung anhält. Üben Sie die mehrmals täglich, bis Sie gleich mit dem stillen Summen anfangen können, ohne den Ton erst erklingen lassen zu müssen.

Diese Übung sollte mehrmals täglich mindestens fünf Minuten lang durchgeführt werden. Während des ersten Monats üben Sie dies vier oder fünf Mal täglich und dann immer öfter, je mehr Sie sich dem Metabereich nähern.

Mantras

Jeder materielle Gegenstand ist das Produkt der Kombination negativer und positiver Impulse, auf die als dritte Kraft ein Katalysator einwirkt, der für Ausgleich sorgt. Diese statische Form kombinierter Kräfte wird *Schwin-*

gung genannt. Jede Schwingung kann nur positiv *und* negativ auftreten.

Durch ihren Schwingungscharakter erweckt die kosmische, ungeformte Substanz den Anschein, als würde sie völlig unterschiedliche Formen annehmen, obwohl sich alles in Wirklichkeit als ein Ganzes in Fluß befindet.

Innerhalb eines Körpers ist es als würde man in einer dunklen Kammer leben, von der nichts ausfließt, und der auch nichts zufließt. Weil der Körper eine niedrige Schwingung hat, scheint er isoliert und abgeschnitten vom Rest der universellen Substanz.

Um den Fluß der Wirklichkeit erfahrbar zu machen und gleichzeitig die Grenzen des Bewußtseins zu umgehen, die uns vom Körper auferlegt sind, muß die Schwingungsrate von Körper und Geist bewußt angehoben werden.

Die Schwingungsrate des Körpers kann nicht durch bloßes Denken erhöht werden. Der Fluß von Gedanken durch den Körper wirkt sich so aus, daß sich auf der materiellen Ebene die Muskeln verspannen. Die so erzeugte Spannung hat die unangenehme Eigenschaft, die Zellen altern zu lassen. Versuchen Sie die äußeren Muskelschichten zu entspannen, die Ihrer bewußten Kontrolle unterstehen, bewirken Sie damit lediglich, daß sich die Verspannungen in den tieferen Schichten, die vom unbewußten Nervensystem kontrolliert werden, noch verstärken.

Diese inneren Muskelschichten können entspannt und in ihrer Schwingungsrate bis auf die Ebene kosmischen Fließens angehoben werden, wenn Sie die angemessene Körperaktivität einsetzen, nämlich eine Verbindung von Objektivem Sex mit einer Methode zur Einstimmung der einzelnen Chakras.

Mantas haben das Ziel, den Körper verschwinden zu lassen, seine Begrenzungen in der universellen Substanz aufzulösen und ohne Einschränkungen oder psychische Widerstände in und mit dem Kosmos zu fließen. Sie treiben formlos dahin, im Einklang mit dem Universum in seiner ganzen Wirklichkeit, und werden ein bewußter Teil des einen Wesens, das gleichzeitig die Lebenskraft hinter dem Universum und die materielle Welt selbst ist.

Stufen der Wahrnehmung bei den Asanas

Diese Stufen sind dazu da, eine bleibende Körperstellung oder -haltung einzunehmen. Das Wichtigste bei einem Asana ist, eine Position zu finden, die lange Zeit beibehalten werden kann, ohne daß man den Drang verspürt, auch nur den geringsten Muskel um der Bequemlichkeit oder des Gleichgewichts willen zu verändern. Ein Asana muß nicht unbedingt bequem einzunehmen und wieder zu verlassen sein, doch sollte es nach anfänglichen Anpassungen unbegrenzt beibehalten werden können, bis die Übung zu Ende ist.

Jedes Universum hat seine eigene Gestalt. Verschiedene Haltungen werden in verschiedene Universen führen. Es gibt unzählige Räume, die durch Asanas gebildet werden können, denn jede Veränderung eines Muskels oder eines Körperteils, gleich wie geringfügig, schafft einen anderen Raum. Daher gibt es eine beinahe unendlich große Anzahl möglicher Räume, in die Sie eingehen können, indem Sie ein Asana bis zu seiner prototypischen oder „Kausal-Form" führen.

Anstatt formale Asanas vorzuschreiben, schlagen wir vor, gewohnte Körperstellungen zu verwenden. Das ist weniger anstrengend und läßt mehr Platz, um auf innere Raumveränderungen und Empfindungen zu achten, während Sie höhere Bereiche erkunden.

Es ist nicht wirklich nötig, beim Objektiven Sex bestimmte Körperhaltungen einzunehmen, obgleich viele dies behaupten. Jede Position kann verwendet werden, sofern man sie längere Zeit ohne Bewegung beibehalten kann.

Warum gibt es dann überhaupt formale Asanas? Für formale Asanas müssen Sie eine bestimmte Körperhaltung bis in jede Einzelheit genau einstudieren. Sogar die Haltung der Finger und der Zehen, die Ausrichtung der Augen, der Wirbelsäule und des Kopfes sind vorgegeben. Diese Asanas führen in besondere Bereiche, in denen ein bestimmtes Wissen enthalten ist. Dieses Wissen kann nur in diesen Räumen erlangt werden. Solche Asanas werden ausschließlich vom Lehrer an den Schüler weitergegeben und können nicht schriftlich vermittelt werden.

Verwenden Sie aber bereits gewohnte Körperhaltungen, praktizieren Sie Karma Yoga, denn Sie gehen in die Räume, die Ihnen gewöhnlich zugänglich sind.

Der Schlüssel zu den Asanas ist es, eine Methode zur Ruhigstellung Ihres Körpers zu lernen. Machen Sie sich keine Sorgen wegen Ihrer Gedanken und Gefühle, denn kommt der Körper zur Ruhe, beruhigen sich diese von allein. Dieser natürliche Zustand hilft Ihnen dabei, die Aufmerksamkeit auf das Erreichen des Metabereichs zu richten.

Ziel eines Asanas ist es, den Körper in einer bestimmten Stellung zu parken und ihn dort ruhig zurückzulassen, bis Sie von Ihren Erkundungen jenseits des Körperbereichs zurückkehren. Das Asana ist erst vollständig eingenommen, wenn Ihr Körper völlig zur Ruhe gekommen ist.

Sie können diese Ruhigstellung erreichen, indem Sie die Verantwortung für die Bewegungen Ihres Körpers abgeben. Beginnen Sie mit den Füßen und geben Sie dann nach und nach alle Verantwortung für Ihren Körper ab, bis Sie beim Scheitel angelangt sind.

Beim Einnehmen eines Asanas bewegen Sie sich durch viele verschiedene Ebenen der Wahrnehmung, ehe Sie den eigentlichen, stabilen Zustand erreichen. Wenn Sie diese Stufen der Wahrnehmung durchlaufen, können Sie von einem Moment zum anderen verfolgen, welche Fortschritte Sie bei der Erlangung der vollständigen Form des Asanas machen.

Stufen der Wahrnehmung

1. Nehmen Sie die von Ihnen gewählte Stellung ein und entspannen Sie sich vollständig. Vergewissern Sie sich, daß es keiner Muskelanspannung bedarf, um die eingenommene Position beizubehalten.

2. Jetzt nehmen Sie allfällige kleine Korrekturen an Ihrer Stellung vor.

3. Sind diese Korrekturen einmal gemacht, sollten Sie sich bis zum Ende der Übung nicht mehr bewegen.

4. Jetzt entspannen Sie Ihre großflächigen Muskeln, erst die äußeren, dann die mittleren und dann die inneren Schichten.

Verwenden Sie eine Anatomiekarte, um die allmähliche Entspannung nachzuvollziehen, oder machen Sie es dem Gefühl nach, indem Sie jeden Muskel einzeln spüren und ihn loslassen. Der Körper sollte während dieses Prozesses nicht aus dem Gleichgewicht geraten.

5. Schließen Sie den Mund und atmen Sie langsam und sanft durch die Nase. Wird Ihr Atem ungleichmäßig oder gepreßt, machen Sie einen tiefen reinigenden Atemzug und fangen noch einmal von vorne an.

6. Entspannen Sie Ihre Gesichtsmuskeln. Prüfen Sie nach, ob Mundwinkel und Nackenmuskulatur eventuell noch verspannt sind.

7. Entspannen Sie Ihre Augenmuskeln und vergewissern Sie sich, daß Ihre Schläfen, Ihre Stirn und Ihre Kiefergelenke nicht verspannt sind.

8. Entspannen Sie Ihre Magen- und Beckenmuskeln. Sind diese Muskeln einmal entspannt, sollten sie es bleiben. Vergewissern Sie sich, daß Sie sich im Laufe der Übung nicht verkrampfen.

9. Achten Sie besonders darauf, allen Impulsen zu widerstehen, Ihre Haltung zu verändern, gleich wie unbequem sie wird. Dieser Entschluß wird Ihnen helfen, in einem guten Asana zu verharren.

10. Schließen Sie die Augen und lassen Sie Ihren Blick unscharf werden. (Normalerweise sind die Augen fokussiert, selbst wenn sie geschlossen sind).

11. Oberflächenmuskeln könnten anfangen, leicht zu zittern. Es kann zu myoneuralen Entladungen kommen.

12. Sie fühlen sich, als würden Sie auf Wolken schweben. Vielleicht glauben Sie, Sie würden kreisen oder Purzelbäume schlagen.

13. Die Haut fängt an zu prickeln. Es kann bisweilen etwas jucken.

14. Sie haben das Gefühl, in Wasser zu schwimmen. Es kann ein leichtes Druckgefühl auf der Haut entstehen, als wären Sie von Wasser umgeben.

15. Ein Gefühl der Regungslosigkeit wie im Zentrum eines Wirbelsturms. Es kann Ihnen so vorkommen, als würde sich alles um Sie herum drehen. Dieses Gefühl nennen wir *Primum mobile*.

16. Sie fragen sich vielleicht, ob Sie überhaupt noch einen Körper haben.

17. Ein Gefühl der Erleichterung tritt auf, wenn der Lichtkörper seine ätherische Form annimmt.

18. Es herrscht ein Gefühl von Schwere und Weichheit, wie schmelzendes Wachs.

19. Die tieferen Körperschichten fangen an zu kribbeln, besonders die Organe im Unterleib.

20. Einem Gefühl von aufsteigender Wärme folgt eine Taubheit in den Gliedern und im unteren Kreuz. Machen Sie sich keine Sor-

gen und bewegen Sie sich weiter auf das Asana zu – es ist noch nicht erreicht.

21. Der Atem wird flach, der Mund trocken. Schlucken wird fast unnötig.

22. Am Scheitel beginnt sich Wärme anzusammeln, und Sie fühlen sich, als würden Sie über dem Körper schweben. An diesem Punkt brechen die meisten ab, aber das Asana ist noch nicht erreicht.

23. Ein weiteres Gefühl des Verschmelzens tritt auf, gepaart mit dem Gefühl, langsam vor und zurück zu schaukeln, als würden Sie sich in Schlamm einbetten.

24. Ein Gefühl, als seien Sie von einem warmen Sahnekaramel oder von Honig umgeben. Das ist der Anfang des tatsächlichen Eingehens in das Asana.

25. Ein Gefühl von hoher Schwingung, dem manchmal das Empfinden von Gereiztheit oder Angst vorausgeht.

26. Seien Sie innerlich bereit, für immer in diesem Bereich zu verweilen. An diesem Punkt wird jeder Wunsch nach einem anderen Bereich das Eingehen ins Asana verhindern, weil er die passende Schwingung unzugänglich macht.

27. Die stabile Schwingung des Asanas ist erreicht. Sie bleiben in diesem stabilen Zustand, bis die Übung vollendet ist. Jetzt können Sie innere Bereiche erkunden.

Die stille Resonanz des sympathischen Nervensystems

Haben Sie dies eine Weile in Zusammenhang mit der Summtechnik geübt, können Sie dieselbe Wirkung erzielen, ohne den Klang tatsächlich mit der Stimme hervorzubringen.

Am Anfang nützt es, die Augen zu schließen, während Sie das tun. Machen Sie von Ihren Wahrnehmungen und von Ihrem Gefühl Gebrauch, um diese Übung genau zu reproduzieren. Bald werden Sie sie nur durch Einschwingen des Nervensystems völlig automatisch ablaufen lassen können und sie wird zu einer bewußt erworbenen Gewohnheit werden.

Ihr Körper wird damit eine automatische Methode haben, um Harmonie und Willenskraft aufrechtzuerhalten und gleichzeitig die höheren feinstofflichen Körper aufzubauen.

Kraftmantras

In gewisser Hinsicht sind Kraftmantras ein Rückschritt in alte Zeiten, als die Energie der babylonischen „Elektrizitätswerke" noch nicht ausreichte, um die Chakras von selbst laufen zu lassen, und es noch eines kleinen Nachschubs aus der inneren Klangwelt bedurfte.

In der Tat wurden Kraftmantras lange vor den

modernen Techniken der Tonwiedergabe entdeckt. Die ersten Mantras waren nichts anderes
als erklärende Begriffe, die auf die Tonfrequen-
zen der Kausalebene abgestimmt waren und
durch das Herz-Chakra intoniert wurden, um
ihre Wirkung zu erhöhen.

Als Mantras von Paramahansa Yogananda in
den fünfziger Jahren und von Maharishi Ma-
hesh Yogi, Nichiren Shoshu und Swami A. C.
Bhaktivedanta anfangs der Sechziger wieder
eingeführt wurden, hatten daher einige Leute
nur Spott für sie übrig, vielleicht weil sie dachten, es sei ein wissenschaftlicher Rückschritt.

Diese frühen experimentellen westlichen Mantras waren ganz schön schwer, und nachdem
man sie ein paar Stunden skandiert hatte, fühlte man sich als würde der Kopf im Hals versin-
ken. Aber sie brachten unglaubliche Resultate.
Lange Zeit war gelehrt worden, daß Mantra
nur dann gutes Karma brachte, wenn gleichzeitig alte Grenzen erweitert und alte Begriffe und
Vorstellungen über Bord geworfen wurden.
Doch dann kam Oscar Ichazo mit seiner völlig
neuen *Nicht-begrifflichen Resonanz*. Der Trick dabei ist, daß das Zwerchfell nicht so viel Luft bewegen muß wie die Lungen, und wenn Sie den
ganzen Gaumenbereich mit der Zunge richtig
gut verschließen, können selbst die winzigsten
Schwingungen eine transformierende Wirkung
haben.

Zur Zeit gibt es ungefähr dreihundert Kraftmantras. Führend auf diesem Gebiet sind die Klang- und Erinnerungsübungen der Sufis. Sufi-Kraftmantras sind auf die Zeit, den Ort und den Menschen zugeschnitten und werden fast in jedem Land der Erde angeboten.

Die ersten Kraftmantras, die geeignet waren, alle Zentren zu beleben, waren nichts weiter als dynamische Minisysteme, die auf das Sonnengeflecht abgestimmt waren. Aber neue Lehrmethoden und verschiedene nichtkörperliche Verfahren der Tonwiedergabe haben große Fortschritte gebracht. Einige Lehrer haben Kraftmantras entwickelt, die es ermöglichen, sich (in zartem astralen Schaumstoff verpackt) ein klein wenig außerhalb des Kopfs aufzuhalten und trotzdem eine gute Klangreproduktion zu erhalten, ohne das übliche Gefühl, eingeschlossen und vom Rest der Welt isoliert zu sein.

Eine weitere Neuentwicklung kommt aus den Eliteschulen des Zen in Japan, die Kraftmantras in zwei verschiedenen Kategorien anbieten. Ein Signal, das sich an eine dünne, filmartige Membrane heftet, die zwischen dem Raum und der Großen Leere gespannt ist, bewirkt, daß die interdimensionale Scheidewand sich gleichzeitig erweitert und zusammenzieht und sich dadurch der Klang gleichzeitig in die samsarische und in die nirvanische Welt ausbreitet.

Einer der Vorteile von Kraftmantras ist, daß Sie

sich keine Sorgen um Ihr Karma zu machen brauchen, nur weil Ihr Körper nicht besonders gut auf die Klänge einer höheren Ebene reagiert.

In dieser Hinsicht sind Kraftmantras ein wenig leichter zu handhaben als gewöhnliche verbale Mantras, die oft zu Hause anders klingen als im Zentrum. Wie gewöhnliche Mantras müssen Kraftmantras jedoch auch sorgfältig mit einem Lehrer einstudiert werden, denn ihre Wirkung hängt von der individuellen Aussprache und der Stimmungslage ab.

Wie gewöhnliche Mantras können auch Kraftmantras mit vielschichtigen Antriebsenergien ausgestattet sein, und einige von ihnen lassen sich einsetzen, um den Ausgleich zwischen der hellen und der dunklen Seite der Kraft zu beeinflussen.

Die wachsende Popularität von Kraftmantras hat einen Lehrer dazu veranlaßt, ein kombiniertes System zu entwickeln, in dem ein beobachtender Zeuge in das Nervensystem eingeführt wird. Dieser soll Erfahrungen im Raum-/Zeit-Bereich aufnehmen und dabei als einfacher leicht zugänglicher Akasha-Aufzeichnungsmechanismus dienen, der zusammen mit dem Körper der Gewohnheiten überleben kann. Spielt man diese Aufzeichnungen zwischen den Leben ab, wird man mit einem außerordentlichen Maß an räumlichem Realismus belohnt, das man sich wohl nur vorstellen kann, wenn man es selbst erlebt hat.

Eine häufige Klage von Schülern und Seliks ist, daß sie innerhalb einer Reichweite von ein paar Millionen Kilometern von dem verstärkenden oder übertragenden Lichtkörper entfernt so ziemlich an ihren Astralkörper gebunden sind. Durch den Gebrauch von Kraftmantras haben zwei Schulen aber bereits Astralkörper entwickelt, die keine Schnur mehr brauchen. Das astrale Selbst wird auf dem Strahl eines Kraftmantras ausgesandt. Stellen Sie sich vor, Sie könnten überallhin reisen und doch immer Signale und Bilder von allen Körpern empfangen, die Sie jemals benützt haben, selbst wenn Sie sich in der bewegungslosen Stille der kosmischen Verbundenheit aufhalten.

Offenbar sind wir doch ein Stückchen weitergekommen, seit die Autoren der Veden die Menschen davon zu überzeugen versuchten, ihren transformatorischen Reisemöglichkeiten doch wenigstens eine einzige neue Methode hinzuzufügen.

Der Gebrauch des Kraftmantras

1. Stellen Sie sich aufrecht hin, die Hacken geschlossen. Lassen Sie die Hände locker an den Seiten hängen und heben Sie den

Bauch leicht an, aber nicht so sehr, daß es unangenehm wird.

2. Atmen Sie einmal kurz ein und heben Sie gleichzeitig die gestreckten Arme seitlich hoch, so daß Sie in großes Y bilden.

3. Stellen Sie sich auf die Zehenspitzen und strecken Sie den Körper so weit wie möglich in die Höhe.

4. Noch eine kleine Anstrengung, um den Körper noch ein wenig höher zu strecken.

5. Legen Sie Mittel- und Ringfinger an den Daumen und machen Sie das Zeichen der Katze, indem Sie den Zeigefinger und den kleinen Finger ausstrecken.

6. Skandieren Sie das Summ-Mantra und lassen Sie seinen Klang in der gesamten Brustgegend resonieren.

7. Während Sie das Summ-Mantra anstimmen, bewegen Sie die Arme langsam nach unten. Versuchen Sie, dabei das Gefühl zu haben, Ihr Körper würde sich nach oben in eine Öffnung des Raumes hinein erheben.

8. Fahren Sie fort, die Arme langsam zu senken und ziehen Sie dabei den Bauch ein und hoch.

9. Stellen Sie sich vor, Sie sind die Quelle aller Lebens- und Liebesenergien und befinden sich im Zentrum des Universums. Jetzt skandieren Sie das Kraftmantra. Stellen Sie sich dabei bewußt vor, daß sich die

Schwingungsfrequenz Ihres Körpers ändert.

10. Werden Sie eins mit der Quelle aller Kraft.

Sich auf die Klänge des Metabereichs einstimmen

1. Üben Sie das Summ-Mantra und spüren Sie die Resonanz seines Klanges in der Nase, in den Augen, den Ohren, am Gaumen, im Hals und in den Stirnhöhlen.
2. Horchen Sie aufmerksam hin. Je besser Sie lernen, aufmerksam zuzuhören, desto mehr werden Sie auch die Töne des Metaraums innerhalb des Körperbereichs wahrnehmen.

Hier einige Beispiele von Klängen und Geräuschen, die Sie anfangen werden zu hören:
1. Das Summen eines Bienenschwarms,
2. Trommeln wie von Pferdehufen,
3. Kirchenglocken,
4. das Knistern eines Feuers,
5. Engelschöre,
6. Dudelsackmusik,
7. Flötenklänge,
8. leises Lachen,
9. Donnergrollen,
10. Schüsse und Geschützdonner,

11. das Pfeifen des Windes,
12. eine Trompete in der Ferne,
13. ein sehr hohes Jammern,
14. Wasserrauschen.

Planetarische Schwingungen

Die Schwingungen der Luft und der feinstofflichen, von der die Erde umhüllt ist, verändern sich von Stunde zu Stunde. Die Körperschwingungen ändern sich entsprechend den planetarischen Schwingungen, die durch ihre Position relativ zur Sonne und anderen Himmelskörpern bestimmt werden.

> 16 bis 24 Uhr – Minimum
> 24 bis 8 Uhr – Maximum

Die beste Zeit für die innere Arbeit ist daher die Zeit zwischen Mitternacht und acht Uhr morgens, wobei man sich die höhere natürliche Schwingungsrate der Nachtstunden zunutze macht.

Reise durch das Universum des Körpers

Diese Übung ermöglicht es, jede einzelne Zelle des Körpers unmittelbar mit Lebensenergie, erhöhter Intelligenz und Liebe aufzufüllen, was dem Körper zu gesteigerter Aktivität und Kraft verhilft.

Wenn Sie einzelne Gruppen von Zellen mit Liebe bestrahlen, werden sie sich in Ihrem Schwingungsverhalten hin zu vollkommener körperlicher Gesundheit und Harmonie entwickeln, genau wie Pflanzen auf die Liebe des Gärtners reagieren.

Die Methode

Setzen Sie sich aufrecht auf einen Stuhl, die Füße flach auf dem Boden, die Finger um die Knie verschränkt. Stellen Sie sich den Körper als ein großes Haus vor, in dem es viele Räume mit den verschiedensten Funktionen gibt. Jeder Raum trägt eine Nummer. Teilen Sie Ihren Körper zu diesem Zweck in neunundvierzig Räume auf, von denen jeweils sieben einem Chakra oder Körperzentrum zugeordnet sind (siehe Seite 111, „Hinweis zu den Bildwelten der sieben Chakras"). Am Anfang können Sie jedem Raum ein Körperteil oder Organ zuordnen. Später werden diese Räume ihren eigenen Charkater erhalten, unabhängig von ihrem körperlichen Zusammenhang.

Denken Sie daran, daß die Bilderwelt des Visualisierens und Aurasehens stark kulturell bedingt ist. Spezifische vorgegebene Bilder sollen deshalb nur als allgemeine Anhaltspunkte dienen. Wenn Sie diese Übung regelmäßig durchführen, werden Sie ihre eigenen Erfahrungen mit Ihrem persönlichen „Haus" machen. (Weitere Hinweise und Informationen finden sich im *American Book of the Dead* von E.J. Gold oder in mittelalterlichen Stundenbüchern.)

Schließen Sie die Augen und versetzen Sie sich an den Eingang dieses großen Hauses, dort, wo Ihre Flüsse auf dem Boden oder der Erde stehen. Stellen Sie sich vor, daß Sie den ersten Raum betreten. Vielleicht liegt dieser erste Raum in Ihren Füßen, der nächste in Ihren Knöcheln oder Waden und so weiter den ganzen Körper hinauf bis zum Scheitel.

Gehen Sie für ein paar Momente in den ersten Raum, setzen Sie sich ruhig hin, hören und spüren Sie Ihre Umgebung. Vermeiden Sie in diesen Räumen plötzliche Bewegungen oder laute Geräusche.

Fühlen Sie die Schwingung, die in diesem Raum herrscht, zunächst langsam, dann schneller und noch schneller, als würden Sie hören, wie ein Auto von einem Gang in den nächsten geschaltet wird.

Dann stehen Sie langsam auf und gehen in den nächsten Raum; Raum Nr. 2. Setzen Sie sich ruhig hin mit dem Gefühl, daß Sie auf alles, was sich in diesem Raum befindet, Liebe ausstrahlen. Werden Sie sich seiner Schwingung bewußt, die erst langsam, dann immer schneller pulsiert.

Besuchen Sie hintereinander jeden Raum Ihres Hauses und spüren Sie seine einmalige Schwingung.

Jetzt verlassen Sie Ihren Kopf am Scheitelpunkt und sehen sich außerhalb Ihres Hauses um. Beenden Sie diese Übung immer, indem Sie sich an diesen Punkt etwas oberhalb Ihres Kopfes begeben, dort ein paar Minuten ruhig verharren und den Körper unter Ihnen in Ruhe betrachten.

Wenn Sie diese Übung entwickeln, werden Sie lernen, die Gänge entlang von einem Raum in den nächsten zu gehen, und dabei vergessen, was der körperliche Bezug zu diesen Räumen ist. Sie konzentrieren sich nur auf die Nummer, die Schwingung, die Farben und Gefühle eines jeden Raums. Mit der Zeit beginnen Sie, in jedem einzelnen Raum Persönlichkeiten zu visualisieren. Beginnen diese zu erscheinen, sollten Sie sich mit ihnen bekannt machen, indem Sie mit Ihnen ein Gespräch anfangen oder einfach nur mit ihnen zusammensitzen und sich an ihrer Gegenwart erfreuen. Jeder dieser inneren Räume hat etwas zu lehren und zu vermitteln. Sie werden durch die Bekanntschaft mit den Persönlichkeiten, die in den neunundvierzig Räumen dieses Hauses der Liebe wohnen, mit Sicherheit etwas lernen.

Hinweise zu den Bildwelten der sieben Chakras

1. Das Wurzelchakra umfaßt die Region unter den Genitalien. Sein Symbol, das Viereck, ist massiv und beständig. Der Geruchssinn ist erhöht. Die Persönlichkeiten, die Sie hier antreffen, sind freundlich und kommen Ihnen so bekannt vor wie Ihre eigene Familie. Der Farbton ist ein gelbes Leuchten oder Glühen.

2. Das Sakralchakra befindet sich etwas oberhalb der Genitalien. Sein Symbol, der Halbmond, dehnt sich in der Mitte aus und läuft an den Enden spitz zu. Der Geschmackssinn ist verstärkt. Die Persönlichkeiten sind freundlich, doch herrschsüchtig und theatralisch. Der Farbton ist das leuchtende Weiß von Kristallüstern oder einer Bühnenbeleuchtung.

3. Das Nabelchakra liegt in der Gegend von Zwerchfell und Sonnengeflecht. Sein Symbol, das Dreieck, dehnt sich von der Mitte her aus und verjüngt sich in drei Richtungen. Der Gesichtssinn ist verstärkt. Die Persönlichkeiten sind lebhaft und schillernd. Der Farbton ist ein sanft rötliches Glühen.

4. Das Herzchakra befindet sich in der Nähe von Herz und Lunge. Sein Symbol, das Hexagramm, ermittelt Einheit und Ausge-

glichenheit. Bewegungs- und Tastsinn sind angesprochen. Die Persönlichkeiten sind fließend und vermischen sich. Der Farbton ist ein rauchiges Licht wie von einer Kerze oder von einer Petroleumlampe.

5. Das Kehlchakra liegt im Bereich der Hals- und Kehlkopfpartie. Sein Symbol, der Kreis, dehnt sich in alle Richtungen aus und ist tief, wie Vokale in einem Mantra. Das Raumbewußtsein ist verstärkt. Die Persönlichkeiten sind Archetypen. Der Farbton ist das fast durchsichtige, doch lebhafte Weiß der Leere.

6. Das Stirnchakra befindet sich oben an der Nasenwurzel, zwischen den Augen. Zu ihm gehört kein Symbol, denn sein Sinn ist die Wahrnehmung selbst. Sie sehen Ihre eigenen Projektionen wie durch einen Tunnel und erhalten Einblick in Ihre Gefühle. Die Persönlichkeiten geben machtvolle Botschaften. Der Farbton ist völliger Mangel an Farbe.

7. Das Scheitelchakra befindet sich oben an der Schädeldecke und darüber. Sein Symbol ist der blühende Lotos oder die strahlende Kugel. Ist dieses Zentrum geöffnet, richten sich die anderen Chakras nach ihm aus und die Energie kann frei fließen. Wahrnehmungen von Harmonie, Licht und Grenzenlosigkeit treten auf. Scharen

von Persönlichkeiten strahlen in allen Farben. Der Farbton ist ein bläulich schim-
merndes Weiß.

ÜBUNGEN
FÜR
FORTGESCHRITTENE

Das Sonnengeflecht öffnen

Durch das Öffnen der Gegend rund um das Sonnengeflecht entsteht ein enormer Zuwachs an Körperkraft und Durchhaltevermögen. Danach kann das Wurzelzentrum geweckt werden. Ist dies geschehen, werden sich die anderen Chakras durch regelmäßiges Üben von selbst Öffnen. Sie sollten nicht versuchen, das Sonnengeflecht durch Konzentration auf die Stirn oder die Zirbeldrüse zu öffnen. Das ist ein weitverbreitetes Mißverständnis. Auch ist es gefährlich, zur Öffnung des Sonnengeflechts forcierte Atemtechniken anzuwenden.

Das Sonnengeflecht befindet sich etwas oberhalb des Nabels. Es ist das Zentrum der *Gefühle*. Nahe dem Steiß befindet sich das Zentrum der *Kraft*, das manchmal fälschlicherweise *Geschlechtszentrum* genannt wird. Am oberen Ende der Wirbelsäule liegt das *Denkzentrum*. Hinzu kommen drei weitere Zentren, die für *Bewegung*, *Sprache* und *willkürliche Überlebensreflexe des Körpers* zuständig sind und die *Erhaltung der Art* regeln. Sie liegen eng beisammen und bilden das *Instinkt-Zentrum*.

1. Legen Sie die Zunge nach hinten an den Gaumen.
2. Stimmen Sie in einem hohen und nasalen Ton das Summ-Mantra an. Experimentieren Sie mit der Tonlage, um die richtige Schwingung zu treffen, die im Bauch mitschwingt.
3. Beim Ausatmen legen Sie die Finger auf die Bauchgegend und drücken sanft nach innen. Fühlen Sie unter Ihren Händen die Resonanz des Mantras.
4. Nehmen Sie die Hände weg und ziehen Sie den Bauch ein, indem Sie es vom Kopf her befehlen. Es sollte leicht anstrengend, jedoch nicht unangenehm sein.
5. Ziehen Sie nach jedem Atemzug die Bauchdecke ein. Üben Sie das so lange, bis Sie die Schwingung deutlich in der gesamten Bauchgegend spüren.

„Gaah!"

Während Sie das Summ-Mantra erklingen lassen, stoßen Sie das Mantra „Gaah!" aus und ziehen dabei gleichzeitig den Bauch fest ein. Spüren Sie den dadurch entstehenden Energieschub und fühlen Sie, wie er durch jedes Chakra fließt. Ist er am Scheitel angelangt, richten Sie ihn durch die Hirnanhangdrüse wieder nach unten und zurück ins Wurzelchakra, wobei er einen kurzen Bogen über die Vorderseite des Körpers schlägt. Fangen Sie mit einem niedrigen Ton an und werden Sie langsam höher. Machen Sie dies in allen drei Tonlagen (für Verstand, Gefühl und Macht, siehe Seite 129–131) und erhöhen Sie dabei langsam die Geschwindigkeit. Erst ein leises „Gaah!" die ersten sechs Chakren entlang, dann ein lautes hartes „Gaah!", wobei Sie die Energie in das Wurzelchakra zurückpressen.
Wiederholen Sie diese Übung nicht mehr als siebenmal, einmal täglich.

Das stille „Gaah!"

Haben Sie die gesamte „Gaah!"-Übung gemacht und jedes Chakra siebenmal angesprochen, schließen Sie die Augen und fühlen, ohne sich dabei zu bewegen, wie der Klang des

119

„Gaah!" nachhallt und in Ihrem Körper harmonische Schwingungen erzeugt, vor allem rund um den Kehlkopf und am Gaumen.
Fahren Sie mit der Übung fort, bis Sie das Nachklingen der Schwingung jederzeit spüren können. Sie sollten in der Lage sein, die Schwingung lautlos zu erzeugen, ohne erst einen Ton hervorzubringen.

Energie für die Körperzellen

Energie bewegt sich spiralförmig, sie dehnt sich aus, während sie sich gleichzeitig zusammenzieht.
Die Schöpfungskraft bewirkt jede Form und jeden Ausdruck von neuem Leben, dank ihr entstehen im Körper neue Zellen und verspüren wir den Impuls, in einer neuen Gestalt oder Inkarnation auf die Erde zurückzukehren.
Wird diese schöpferische Energie beherrscht und gespeichert, eignet sie sich zur Anwendung beim Objektiven Sex, wobei Liebesenergie ausgetauscht wird. So kann Objektiver Sex eingesetzt werden, um auf der evolutionaren Leiter in den überbewußten Zustand aufzusteigen.

1. Setzen Sie sich aufrecht und mit geschlossenen Augen hin. Die Hände liegen unterhalb des Nabels locker auf dem Bauch.

2. Atmen Sie tief ein, wie in der Übung der langsamen Atmung beschrieben, und füllen Sie die unteren Lungenpartien mit Luft, so daß der Bauch nach außen gegen Ihre Hände drückt.

3. Lassen Sie das Summ-Mantra erklingen. Spüren Sie seine Resonanz in der Bauchgegend unter Ihren Händen.

4. Stellen Sie sich vor, wie *Liebesenergie* spiralförmig in Ihren Körper einströmt und jede Zelle mit neu erwachter Energie und Lebenskraft erstrahlen läßt.

Energie für das Geschlechtszentrum

1. Die Augen sind geschlossen, Gesicht und Körper entspannt. Stoßen Sie die *Liebesenergie* aus dem Wurzel in das Instinkt-Zentrum und grunzen Sie dabei kräftig: „Hick!"

2. Füllen Sie die mittlere Lungengegend über dem Herzen mit Luft.

3. Skandieren Sie das Summ-Mantra und spüren Sie die Schwingung im Instinkt-Zentrum Ihres Körpers. Dabei wird dort *Liebesenergie* gespeichert, die später eingesetzt werden kann.

4. Jetzt stoßen Sie diese Strahlung wellenförmig aus dem Bereich Ihres Körpers aus

und sehen, wie sie von Ihrem Partner aufgenommen wird. Skandieren Sie dabei still
das „Übertragungsmantra" „Gaah!".
5. Vergewissern Sie sich, daß Liebesenergie
    empfangen wurde.

Diese Übung ist ausschließlich für Partner gedacht, die sich in freier Übereinstimmung dem
Objektiven Sex zuwenden. Wenn Sie diese
Technik einsetzen, wird sich ein festes Band
zwischen Ihnen und Ihrem Partner bilden.

Das Gefühlszentrum in einem anderen Menschen wecken

Liebe ist die primäre Anziehungskraft. Wenn
diese Gefühlsenergie zwischen Planeten auftritt, also zwischen Wesen einer höheren Ord-
nung, wird sie *Emanation* oder *Schwerkraft* genannt. Wirkt sie auf elektrische Teilchen, heißt
sie *atomare Anziehungskraft* oder *Strahlung,* und
wenn sie zwischen der Essenz zweier Menschen auftritt, nennen wir sie *Objektive Liebe.*
Liebe tritt im Universum auf einer einmaligen
Schwingungsebene auf. Sie entfaltet ihre Aktivität in pulsierenden Wellen und nicht in einem
kontinuierlichen Strom.
Sie können diese Energie durch den Körperbereich fließen und im Sonnengeflecht ankom-

men lassen, wenn Sie lernen, Ihre Aufmerksamkeit darauf zu richten.

1. Spreizen Sie die Finger zu einem Fächer. Legen Sie die Hände nahe Ihrem Herzen auf die Brust.
2. Setzen Sie sich gerade und ziehen Sie den Bauch ein.
3. Füllen Sie die mittlere Lungengegend mit Luft und versuchen Sie dabei die Brust in alle Richtungen auszudehnen.
4. Fangen Sie mit dem Summ-Mantra *„Humn-Yangm-Gaah"* an und spüren Sie seine Resonanz unter Ihren Händen.
5. Wenn sich diese Schwingung richtig anfühlt, stellen Sie sich vor, Sie seien eine Quelle, die rohe Kraft anzieht und sie in Liebesenergie verwandelt, um sie anderen Wesen zur Verfügung zu stellen.
6. Sehen Sie, wie diese Energie sich ausbreitet und von Ihrem Körperbereich in Wellen ausgestrahlt wird. Richten Sie diese Energie auf den Menschen, dessen Gefühlszentrum Sie erwecken wollen. Sehen Sie diesen Menschen vor sich, wie er im Einklang mit dem Ton und Ihrer eigenen Frequenz schwingt.

Hinweis: Diese Technik ist der Schlüssel zur Kanalisierung von Heilenergie.

Die Erschaffung des ätherischen Doppels

Es gibt keine mächtigere und wirkungsvollere Technik. Deshalb empfehlen wir Ihnen, die bisher beschriebenen Techniken erst einmal gründlich zu vervollkommnen, ehe Sie sich an die nun folgende wagen.

Bevor Sie damit anfangen, skandieren Sie zehn bis fünfzehn Minuten lang das Summ-Mantra, um alle Chakras zu öffnen und an das Wurzelchakra anzuschließen.

1. Bringen Sie in etwa 1,80 Meter Höhe über dem Boden eine blaue 25-Watt-Glühbirne an.
2. Stellen Sie zwei bis zweieinhalb Meter davon entfernt einen bequemen Stuhl mit gerader Rückenlehne auf.
3. Setzen Sie sich und richten Sie den Blick auf die Glühbirne. Die Füße stehen flach auf dem Boden, die Ellenbogen ruhen auf den Knien.
4. Stützen Sie das Kinn in Ihre Hände.
5. Legen Sie den Kopf leicht in den Nacken zurück und öffnen Sie die Augen so weit wie möglich. Achten Sie darauf, daß Sie sich nicht so sehr verspannen, daß es Ihnen unangenehm wird.
6. Schauen Sie auf das Licht.
7. Bleiben Sie absolut still und atmen Sie tief

und langsam. Versuchen Sie, während der Übungsdauer nicht zu zwinkern und keine unwillkürlichen Bewegungen zu machen.

8. In der ersten Woche machen Sie das nur fünf Minuten täglich, in der zweiten sechs, in der dritten acht, in der vierten Woche zwölf und in der fünften fünfzehn Minuten lang. Danach können Sie die Übung täglich um eine Minute verlängern.

Irgendwann im Verlauf der Übung wird das Licht völlig verschwinden. Das ist keine optische Täuschung, es wird sich buchstäblich im Nichts auflösen. Verschwindet das Licht, werden Sie wie durch ein umgekehrtes Fernrohr in Ihr eigenes Gesicht schauen.

Der Äther ist zu einem Spiegel für Ihren Körper geworden. Sie haben das *ätherische Doppel* geschaffen.

Wenn dieses Bild die Glühbirne ersetzt, dann haben Sie telepathische Fähigkeiten erlangt.

Um telepathisch zu kommunizieren, ersetzen Sie einfach Ihr eigenes ätherisches Doppel durch das Bild Ihres Partners. Versuchen Sie nicht, eine Kommunikation zu „sprechen" oder zu „flüstern". Spüren Sie einfach, daß Sie etwas mitteilen. Wenn Sie Ihre Aufmerksamkeit dabei gleichzeitig auf die Akasha-Ebene richten, haben Sie das eigentliche Geheimnis der Telepathie entdeckt.

Mit etwas Übung werden Sie entdecken, daß Sie jetzt überall sein können, wo es Äther gibt, also überall im Universum. Sie sind in der Lage, Ihre Präsenz überallhin zu projizieren und können in ätherischer Form Dinge sehen, fühlen, wissen, empfinden und berühren.

Auf der äußeren Ebene wissen Sie, was andere denken, und Sie können dieses Wissen einsetzen, um Krankheiten zu diagnostizieren und geistig zu heilen.

Wie man durch Töne Kommunikation herstellt

Durch Resonanz kann jede beliebige Wirkung erzielt werden. Eine Grundregel in diesem Bereich lautet: „Gleiches entspricht Gleichem" oder das *Gesetz der Entsprechungen*. Diese Regel wirkt sich so aus, daß „Gleiches zu Gleichem führt" – das *Gesetz der Übertragung*.

Wir haben Summ-Übungen vorgestellt, die es ermöglichen, jeden beliebigen Körperteil mit Hilfe von Tönen in Schwingung zu versetzen. Die menschliche Stimme ist in der Lage, drei *Grundtöne* hervorzubringen, je nachdem, in welchem Körperteil die Schwingung absichtlich oder unabsichtlich mitschwingt.

Wenn die Schwingung im Kopf oder im oberen Brustbereich resoniert, ohne gleichzeitig im unteren Brustbereich mitzuschwingen, entsteht der *Verstandeston*, eine äußerst wirkungsvolle Kraft. Er eignet sich, um auf Fakten hinzuweisen, Dinge zu erklären und in anderen Menschen eine schärfere Wahrnehmung hervorzurufen.

Der *Verstandeston* ist ein verweisender Ton. Wenn Sie ihn anschlagen, wird sich Ihr Gegenüber immer querstellen, besonders wenn es sich dabei um eine Anweisung oder einen Befehl handelt.

Am besten wird der *Verstandeston* bei der Darstellung vor Fakten verwendet. So wird eine Resonanz *im Verstand* derjenigen Person erzeugt, der Sie die geistigen Begriffe vermitteln. Gefühle sollten immer im *Gefühlston* ausgedrückt und mitgeteilt werden. Er sollte immer dann verwendet werden, wenn es um Reue, Mitgefühl, Gewissensentscheidungen oder aufrichtige Bekenntnisse geht.

Verwenden Sie den Gefühlston bei der Beseitigung von Spannungen zwischen Ihnen und anderen. Der Gefühlston kann nur dann erzeugt werden, wenn die gesamte Brust, *einschließlich des unteren Teils,* in Bewegung gebracht wird und Obertöne in Harmonie mitschwingen.

Übung:

1. Füllen Sie den oberen Teil der Brust mit Luft. Lassen Sie den Ton im unteren Teil Ih-

rer Brust vibrieren, wobei Sie versuchen, Mitgefühl, Verständnis und Aufrichtigkeit auszudrücken. Es ist wichtig, dabei vollkommen aufrichtig zu sein. Die richtige Stimmung kann nicht entstehen, wenn Sie sich in Wirklichkeit gar nicht so fühlen.

2. Legen Sie die Hände über Ihr Herz und sprechen Sie leise. Senken Sie die Stimme so weit, bis Sie die brummende Schwingung des Tones in Ihrem Herzen spüren können. Dabei richten Sie Ihre Aufmerksamkeit auf den Ton und kontrollieren ihn dabei ständig. In diesem Ton können Sie anderen Menschen alles sagen, ohne daß sie sich ärgerlich fühlen oder böse werden. Zudem können auch Sie auf jemanden anderen nicht ärgerlich sein, wenn Sie diesen Ton der Liebe anschlagen.

3. Der Machtton wird immer durch die Aktivität der großen Bauchmuskeln unterstützt. Wie bereits erwähnt, verleiht der Gebrauch dieser Muskeln dem Ausdruck Kraft und Gefühl, so daß er eine starke und unmittelbare Wirkung auf seine Umgebung entfaltet.

4. Sehen Sie jedes Wort als einen Schlag auf die Brust, aber freundlich und sanft, so als würden Sie mit einem guten Freund Boxen üben. Entwickeln Sie die Gewohnheit, diese entschlossene und zwingende Kraft in

Ihre Stimme zu legen. Sprechen Sie dabei sanft und tief. Wenn Sie in diesem Tonfall sprechen, dürfen Sie es Ihrer Stimme niemals erlauben, fordernd zu werden, als wären Sie ein Feldwebel.

Sanftheit ist der Schlüssel.

5. Wenn Sie den *Machtton* verwenden, muß dies unbedingt in einem Zustand des Wohlwollens und des Mitgefühl für Ihr Gegenüber geschehen, und Sie sollten diesen Ton und die damit verbundene Autorität nur zum Nutzen anderer anwenden. Es ist ein Ton, der ausschließlich der Arbeit an bewußten Zielen vorbehalten ist, wie Anweisungen von einem Lehrer oder eine Verständigung beim Objektiven Sex oder ähnlichen Übungen, zum Beispiel die Anweisung, *sich zurückzuziehen* oder das *Summ-* oder andere Mantras anzustimmen.

Die drei Tonarten der Kommunikation

Die Entwicklung des Verstandestons
1. Atmen Sie kurz in den oberen Brustbereich ein.
2. Stimmen Sie das Summ-Mantra an und begrenzen Sie dessen Ton auf Ihren Kopf. Nur dort soll er schwingen.

3. Achten Sie darauf, daß keine Schwingung in der Brust auftritt.
4. Wenn Sie für diese Übung das Summ-Mantra verwenden, sollte es als „Humn-Yangm-Gaah" in einem hohen, nasalen Ton ausgesprochen werden.
5. Versuchen Sie jetzt, die Tonhöhe zu verändern, während Sie den Verstandeston beibehalten.
6. Versuchen Sie, in diesem Ton einen Befehl zu erteilen.

Die Entwicklung des Gefühlstons

1. Atmen Sie tief ein und füllen Sie den oberen Brustbereich mit Luft.
2. Legen Sie die Hände auf die Herzgegend.
3. Spüren Sie den Wunsch, Mitgefühl und Liebe auszudrücken.
4. Skandieren Sie das Mantra „Humn-Yangm-Gaah" in einer mittleren Tonlage.
5. Fahren Sie mit dieser Übung fort, bis Sie in der Herzgegend eine starke Resonanz spüren. Sie werden feststellen, daß dieses Gefühl sich verstärkt, wenn Sie die Übung täglich machen.

Die Entwicklung des Machttons

1. Füllen Sie Ihre Brust ganz mit Luft, indem Sie die Technik der langsamen Atmung einsetzen. Während Sie die Luft beim Sprechen hinauspressen, fühlen Sie ihre Ausdehnung ins sympathische Nervensystem.
2. Legen Sie die Hand auf den Bauch.
3. Fühlen Sie Ihre Entscheidung, etwas bekanntzugeben, und Ihre Gewißheit über das, was Sie sagen wollen.
4. Skandieren Sie das Mantra „Humn-Yangm-Gaah" in einem tiefen Ton.
5. Wiederholen Sie diese Übung so lange, bis Sie die Resonanz deutlich in Ihrer Bauchhöhle spüren können. Vergewissern Sie sich, daß Sie Ihre Bauchmuskeln kräftig zusammenziehen, wenn Sie Worte im Machtton aussprechen.

Es gibt Menschen, die im Leben versagen, weil sie im Umgang mit anderen Menschen ausschließlich im Verstandeston sprechen.

Einfach durch Veränderung des Tonfalls, durch eine tiefere Stimmlage und durch die Resonanz im richtigen Chakra können große Erfolge im Umgang und in Beziehungen mit anderen Menschen erzielt werden.

Tantrische Kegelübung

Diese Übung eignet sich hervorragend dazu, die Dehnbarkeit der Genitalmuskulatur zu verbessern und sie gleichzeitig einer bewußten Kontrolle zu unterstellen. Diese Übung kann überall und in jeder Position durchgeführt werden. Sie ist auch für den Mann günstig, denn dabei wird die Prostata massiert und die bewußte Kontrolle über die sexuelle Energie verbessert.

Diese uralte tantrische Technik stärkt den Muskel zwischen Steiß- und Schambein. Dieser Muskel funktioniert wie ein rundes (Kegel-) Ventil; er ist für die drei Öffnungen im Unterleib zuständig. Diese Öffnungen können nicht einzeln durch getrennte Muskeln kontrolliert werden, aber durch längeres Üben können Sie erreichen, daß Betonung jeweils nur auf einer einzelnen Öffnung liegt. Genau wie bei jedem anderen Muskel, der nicht völlig unwillkürlich funktioniert, können Sie bewußte Kontrolle über ihn erlangen und ihn durch tägliches Üben flexibler machen.

In vielen Kulturen wird die Kegel-Übung vom weiblichen Partner benutzt, um den vaginalen Orgasmus zu stimulieren und die sexuelle Lust des Partners zu steigern.

1. Ziehen Sie beim Urinieren die Muskeln zusammen, um den Fluß zu stoppen.
2. Achten Sie darauf, welche Muskeln Sie dabei verwenden.
3. Halten Sie den Muskel ein bis zwei Sekunden angespannt und lassen sie ihn dann los.
4. Wiederholen Sie das Ganze.

Haben Sie den Muskel einmal gefunden, hat das Anhalten des Urins seinen Zweck erfüllt. Jetzt üben Sie die Kontraktionen täglich in Folgen von fünfundsiebzig kurzen (eine Sekunde langen) und fünfundsiebzig langen (drei Sekunden langen) Abständen. (Weitere Anweisungen finden Sie in *Sexual Energy Ecstasy* von Ramsdale und Dorfman.)

Der Durchbruch

Anfangs werden Sie im wesentlichen das Summ-Mantra und einige Bewegungen des Kegelmuskels einsetzen, doch später treten Bewegungslosigkeit und Stille in den Vordergrund.
Licht erfährt weder Schwingungen noch Töne, und es hat keinen Sinn für Bewegungen. Das ist ein wichtiger Punkt, denn Sinn dieser Übungen ist es, die Lichtgeschwindigkeit zu erreichen –

und die besteht in Bewegungslosigkeit und Stille.

Die wichtigsten Punkte, die Sie im Gedächtnis behalten müssen, sind: *Bewegungslosigkeit, Aufmerksamkeit, Kommunikation* und *Stille.*

Wenn Sie länger miteinander arbeiten, werden Sie feststellen, daß es mit der Zeit immer leichter wird, Ihre Muskeln zu entspannen. Wenn die gesellschaftliche Programmierung beginnt, sich aufzulösen, werden Sie sich nicht mehr so stark genötigt fühlen, Ihre Lust durch Muskelbewegungen auszudrücken.

Spannungen in der Bauch- und Unterleibsmuskulatur können leicht einen Orgasmus auslösen oder dazu beitragen, daß der Körper vor Erregung zu zittern beginnt. Es ist wichtig, sich vollkommen zu entspannen, vor allem aber die Muskeln von Unterleib, Bauch, Kreuzbein, Genital- und Analbereich.

Diese Muskeln stehen in Verbindung mit der Gesichtsmuskulatur. Wenn Sie daran denken, das Gesicht zu entspannen, wird es Ihnen auch leichter fallen, die Muskeln im Kreuzbeinbereich und Bauch zu lösen.

Um vom Körperbereich in höhere Bereiche überzugehen, sollten Sie zunächst die Mediations- und Visualisierungsübungen durchführen, die im Abschnitt „Die Reise durch die Große Mutter" angegeben sind. Es empfiehlt sich, diese Anweisungen auf Tonband aufzunehmen und sie sich während der Übung vorzuspielen. Sollte Ihnen diese Visualisierung gestellt vorkommen, können Sie auch mit anderen Techniken beginnen, die Sie aus dem Körperraum hinausführen, zum Beispiel mit dem Summ-Mantra. Später werden Sie auch ohne die „Reise durch die Große Mutter" auskommen, und vielleicht wollen Sie sie auch am Anfang nur einsetzen, um sich mit den Bereichen und den Visualisierungen in ihrem natürlichen Ablauf bekanntzumachen. Sie können sie gemeinsam lesen, sich über Bereiche austauschen, die Sie gemeinsam erfahren haben, und dann mit dem eigentlichen Kontakt beginnen.

Sie werden feststellen, daß es am Eingang zu gewissen Bereichen Hindernisse gibt und Sie ein Mantra einsetzen müssen, um diese Schranken zu durchbrechen und in einen neuen Raum zu gelangen.

Sie können dazu das stille Summ-Mantra verwenden, doch *setzen Sie es niemals laut ein, wenn Sie sich im erweiterten Zustand des Metabereichs befinden.*

Im Metabereich kann die geringste Bewegung ungewollte Resonanzen verursachen. Es ist wichtig, diesem Bereich mit Ehrfurcht und Respekt zu begegnen. In einigen Räumen halten sich Führer auf, die Anweisungen anbieten und eventuell Wissen vermitteln, das Sie zur Entwicklung Ihrer Essenz gebrauchen können.

Hören Sie zu, seien Sie geistesgegenwärtig und aufmerksam und bleiben Sie mit Ihrem Partner in Verbindung. Seien Sie *lebendig*.

Ausdauer

Die tantrische Wirkung entfaltet sich frühestens eine Stunde nach Beginn des sexuellen Kontaktes. Sie werden die ersten Schranken überwinden müssen, um in einen Zustand zu gelangen, in dem Objektiver Sex möglich ist.

Der *erste Höhepunkt* wird gewöhnlich zwei oder drei Minuten nach dem ersten Kontakt auftreten. Die meisten Männer können ihn leicht umgehen, indem sie ihre Bewegungen verlangsamen, einen Moment innehalten oder sich kurz zurückziehen.

Der *zweite Höhepunkt* tritt normalerweise nach fünf bis zehn Minuten auf und wird in einem kleinen Samenerguß enden, wenn er nicht umgangen wird. Er ist durch Entspannung und zeitweiligen Rückzug leicht zu vermeiden.

Der *dritte Höhepunkt* wird kurz vor dem Punkt erreicht, an dem man normalerweise den sexuellen Kontakt abbricht. Aufgrund Ihrer Erfahrung werden Sie leicht merken, wann dieser Punkt erreicht ist, und können dann einfach das Tempo verlangsamen, aufhören oder sich zurückziehen. Am besten ist es, wenn Sie so lange pausieren, daß die Erregung ganz abklingen kann. Noch besser ist es, wenn Sie sich etwa zehn Minuten, bevor der Höhepunkt normalerweise auftritt, einfach zurückziehen und etwa zwanzig Minuten warten, bis Sie weitermachen, oder einfach so lange, bis der Körper sich völlig beruhigt hat.

In den frühen Stadien ist es am besten, Sie gestalten den Sex und Ihre Bewegungen so, wie Sie es gewohnt sind. *Ist der dritte Höhepunkt jedoch einmal überschritten,* wird es leicht, ohne Bewegung oder erotische Empfindungen auszukommen.

Der Penis kann zur Bewegung veranlaßt werden, weil er Muskeln hat, die ihn beeinflußen können. Diese Muskeln können durch die Kegelübung gestärkt werden.

Normalerweise unterliegt der Penis nicht der bewußten Kontrolle. Die Kontrolle über Erektion und Bewegung des Penis kann aber aus dem unwillkürlichen in den willkürlichen Bereich gebracht werden, wenn Sie die Kegelmuskeln täglich trainieren. Es ist überhaupt nicht schwer, diese Verlagerung zu erreichen.

Die Abhängigkeit von erotischen Phantasien zur Stimulierung der Erektion hält die Penismuskulatur unter unwillkürlicher Kontrolle. Daher sollten Sie daran arbeiten, vom erotischen Reiz innerer Bilder unabhängig zu werden.

Erektionen treten zyklisch auf. Männer werden wissen, daß sie manchmal voll erigiert sind und manchmal nicht. Das sollte Ihnen keine Sorge machen. Lassen Sie zu, daß der Erektionsmechanismus diesen Schwankungen unterliegt, es sei denn, es ist nötig, eine Erektion herbeizuführen, um einen sexuellen Kontakt aufrechtzuerhalten. In diesem Fall sollte der Kegelmuskel rasch hintereinander zusammengezogen werden, ohne dabei jedoch etwas anderes zu bewegen, bis die Erektion wieder da ist. Nach einer Weile ist auch das nicht mehr nötig. Der Penis kann durch einen bloßen Willensakt dazu gebracht werden, sich zu erheben. Wahrscheinlich werden Sie aber einige Monate üben müssen, bis dieses Ziel erreicht ist.

Richtiges Atmen ist ebenfalls sehr wichtig, um über einen Höhepunkt hinauszugehen und die Erektion beizubehalten. Der Atem kontrolliert die natürliche körperliche Erregung und beruhigt den Geist.

Während der ersten Minuten des Beischlafs ist die Erregung sehr groß, wiel der Fortpflanzungstrieb im Instinktzentrum aktiv wird und so schnell wie möglich einen Höhepunkt herbeizuführen versucht. Das ist ein einfacher Überlebensmechanismus, der leicht umgangen werden kann.

Beim *zweiten Höhepunkt* bewirken der Schock des direkten Kontaktes an den Nervenenden und die daraus resultierende Wirkung auf das Nervensystem einen nochmaligen Impuls zum Orgasmus. Es handelt sich hier um einen Schutzmechanismus im Nervensystem, der dazu da ist, Schock und Überreizung zu vermeiden. Auch dieser Mechanismus kann Umgangen werden.

Der *dritte Höhepunkt* resultiert aus dem Widerwillen der Psyche gegenüber Anstrengungen. Wurde der Koitus erreicht, möchte die Psyche Muskelanspannungen und Streß auflösen und ihr altes Gleichgewicht wiederherstellen. Durch bloßes Akzeptieren, daß es einer Anstrengung bedarf, kann diese Schranke umgangen werden. Der Impuls zum Orgasmus kann an diesem Punkt ziemlich überwältigend sein, besonders wenn man die Gewohnheit hat, ihn als „Überraschung" kommen zu lassen. Mit etwas Übung kann auch dieser Impuls jedoch leicht beherrscht werden.

Lassen Sie sich nicht entmutigen, wenn es einiger Durchgänge bedarf, bis Sie wenigstens ein kleines bißchen Willenskraft mobilisieren können. Sie sind dabei, die Programmierungen Ihres Körpers und seine Überlebensmechanismen zu überwinden, und diese sind sehr stark.

Mit etwas Ausdauer werden Sie diese einfachen Faktoren des Muskel- und Nervensystems jedoch unter Kontrolle bekommen. Sie müssen einfach dabeibleiben.

Die Umerziehung der eigenen Genitalien und ihrer Impulse zum Orgasmus läßt sich mit der Erziehung eines Hundes vergleichen. Sie dürfen den Hund *nie gewinnen lassen.* Gewinnt er nur ein einziges Mal, wird es unmöglich, ihm das beizubringen, was man ihn lehren möchte. Gleichzeitig muß er mit kleinen Geschenken für seine Anstrengungen belohnt werden.

Beim sexuellen Umlernen ist es wichtig, diese Übungen der Schwierigkeiten nach auszuprobieren. Überschätzen Sie niemals Ihre eigenen Fähigkeiten, oder Sie werden den Anschluß verpassen.

Den Orgasmus umgehen

Um den Orgasmus zu umgehen, beginnen Sie am besten mit der tiefen Atmung, sobald Sie merken, daß sich der Impuls aufbaut. Je klarer Sie sich über diesen Impuls und seine Begleiterscheinungen werden, desto eher werden Sie ihn erkennen. Um den Zustand von Objektivem Sex zu erreichen, müssen Sie sich auf die feinen Variationen des Nervensystems, des Körpers und der Psyche einstimmen können.

Sie dürfen nicht gleichgültig sein oder es dem Höhepunkt aus Bequemlichkeit oder Unaufmerksamkeit erlauben, Sie zu überraschen. Sie müssen sich die Mühe machen, die natürlichen und automatischen Impulse zum Orgasmus zu kontrollieren, die am Anfang beim Geschlechtsverkehr periodisch und später, wenn man über eine Stunde weitermacht, in Intervallen von ein bis zwei Stunden auftreten.

Am besten ist es, sich langsam an längeren Sex heranzutasten, mit einer Stunde anzufangen und den Kontakt dann allmählich um zehn bis fünfzehn Minuten täglich zu verlängern. So können Sie Ihr Beisammensein in nur wenigen Wochen oder Monaten auf die Dauer von mehreren Stunden ausdehnen. Den Impuls zum Orgasmus kann man auch als „Trägheit" bezeichnen, weil er nichts anderes ist als der Wunsch, *mit derselben Aktivität fortzufahren.* Es gibt sowohl ein körperliches als auch ein psychisches Trägheitsmoment. Jedes dieser Momente muß durch Anstrengung und Willenskraft überwunden werden. Daher ist es wichtig, vor dem sexuellen Kontakt eine Abmachung einzugehen. Diese Abmachung betrifft die Absicht beider Partner, etwas Bestimmtes zu erreichen. Sie machen ab, dem Impuls zum Orgasmus nicht nachzugeben.

Wurde der Impuls zum Höhepunkt während der ersten halben Stunde umgangen, können Sie den sexuellen Kontakt beinahe unbeschränkt aufrechterhalten. Der Penis kann nach der ersten Stunde des Verkehrs ohne weiteres mehrere Stunden lang auf natürliche Weise in einem erigierten Zustand bleiben. Die Nervenenden sind dann so überreizt, daß sie keine Spannungsauflösung mehr verursachen.

Gehen Sie über die erste Stunde hinaus, ist es wichtig, den Körper zu entspannen. Sie sollten aber nicht zulassen, daß sich ein lethargischer Zustand ausbreitet. Das kann vermieden werden, indem Sie geistig wach und interessiert bleiben, ohne dabei irgendwelche besonderen Ergebnisse zu erwarten, und es Ihrem Körper gleichzeitig erlauben, sich vollkommen zu entspannen.

Nach etwa einer Stunde werden Sie spüren, daß Sie ohne Anstrengung und bestimmtes Ziel in den erweiterten Zustand übergehen. Dieser natürliche Eintritt in den *Metabereich* findet einfach statt, weil das Nervensystem so überreizt ist, daß es den *Körperbereich* nicht länger aufrechterhalten kann.

Wenn Sie damit experimentieren, werden Sie feststellen, daß die geringste Bewegung Sie aus dem *Metabereich* wieder in den *Körperbereich* zurückführen kann, wenigstens für eine kurze Zeit. So geht der Kontakt teilweise verloren, was vermieden werden sollte, außer bei anfänglichen Versuchen mit diesen Räumen.

Es gibt in diesen Bereichen keine Regeln, außer sanft und mitfühlend zu sein und Aufregung und Gewalt zu vermeiden, vor allem jene, die durch Begierde und Ärger ausgelöst wird. Sollten Sie sich aus irgendeinem Grund trotzdem ärgern, werden Sie feststellen, daß der *Metabereich* Ihre Gegenwart auf natürliche Weise abstößt und Sie augenblicklich wieder in den *Körperbereich* zurückwirft, wo es erlaubt ist, aggressiv, gewalttätig und leidenschaftlich zu sein.

Charakteristisch für den *Metabereich* ist seine Leidenschaftslosigkeit. Wenn Sie bisher zur Aufrechterhaltung des Geschlechtsaktes auf Leidenschaft und erotische Empfindungen angewiesen waren, werden Sie nun erstmals in die Lage kommen, auf eine andere Weise mit Sex umzugehen.

Die angegebenen Grundübungen sind ausgezeichnete Methoden, um eine neue Einstellung zum Sex einzustudieren. Nach einer Weile wird es so natürlich für Sie sein, den Orgasmus zu umgehen, daß kein Unterbrechen oder Zurückziehen nötig ist. Sie werden erstaunt sein, wie schnell Ihre Willenskraft sich aufbaut, haben Sie sich erst entschieden, wirklich dieses Ziel erreichen zu wollen.

Rückkehr in den Körperbereich

1. Nehmen Sie ein kurzes, reinigendes Bad.
2. Machen Sie die Übung der langsamen Atmung.
3. Setzen Sie sich auf, bis Ihr Atem sich normalisiert hat.
4. Stehen Sie auf und strecken Sie die Arme nach oben, zur Seite und nach vorne.
5. Knien Sie sich für ein paar Momente hin.
6. Legen Sie die Hände hinten in den Nacken und atmen Sie langsam, um das Rückgrat zu entlasten.
7. Nehmen Sie ein heißes Kräuterbad oder eine Dusche.
8. Legen Sie sich hin und gehen Sie mit Ihrem Partner das ganze Erlebnis noch einmal durch.
9. Verfassen Sie gemeinsam einen Bericht über alle Erfahrungen, die Sie während der Übung gemacht haben (vgl. Seite 23 ff.).

DIE REISE
DURCH DIE
GROSSE MUTTER

Der Tanz

Jede Manifestation der Großen Mutter besitzt ihr eigenes Tantra (= Weg), ihr eigenes Mantra (= Ton) und ihr eigenes Yantra (= Symbol).
Sie ist die Brücke, über die wir in die Große Leere eingehen können, doch müssen wir ihr gemäß ihrem eigenen Ritual folgen.
Dieses Ritual erfährt man von jeder Deva (Deva = Göttin), indem man ihr dient und ihre Art kennenlernt.
Der Entdecker der Großen Mutter ist der Mann. Ohne ihn könnte sie nicht erfahren werden. Er unterhält sie mit seinen Possen, sie interessiert sich für die Fortschritte, die er macht, denn er kann Dinge tun, die ihr nicht möglich sind. Er kann leiden, kann so tun, als ob er großen Hin-

dernissen gegenüberstünde, kann betrogen werden, lieben, sterben.

Für ihn ist das Leben eine Huldigung an sie, und durch sein Dasein schätzt sie sich selbst.

Sind sie zusammen, wird die Ewigkeit ein kleines bißchen erträglicher. Die öde Wirklichkeit von Form- und Endlosigkeit ist überwunden.

Im Bereich gerade außerhalb des Universums stehen zwei Führerinnen, die eine licht, die andere dunkel. Sie stehen zur Rechten und Linken des Tors zur Großen Mutter. Bei ihnen ist auch die Führerin des Aufsteigenden Pfades. Zusammen mit IHR bilden sie die Sonne, den Mond und die Dunkelheit des Raumes.

Das Tor ist ausgefüllt vom leuchtenden Spinnengewebe des Lebens. In Ihr sind alles Leben, alles Handeln und alles Denken. Ihr obliegt die Ernährung allen Lebens. In Ihr ist nur die hohle Verlassenheit der Leere. Doch in dieser Leere verwirklicht Sie alle Formen.

Ihr Körper bildet die Kette vom Mutterschoß zum Grab. Ihre Macht erstreckt sich vom Phallus in Ihr zum geheimen Haus der Leere, in dem die Essenz wohnt ewiglich.

In den Tiefen Ihres Tores wartet die sechsfache Führerin und erstrahlt im Licht der Sechs Welten. Sie ist die Manifestation des Sechssilbigen Mantras.

Sie erscheint in der stillen Gegenwart eines leuchtenden Spiegels und strahlt wie ein diamantenbesetztes Seidenband. Sie ist die Hüterin des Klangs. Durch Sie kann der Große Pfad beschritten werden, der zur raum- und zeitlosen Leere vor der Schöpfung führt, zum Urwesen.

Sie ist die Weise Erweckerin, deren wahre Natur die Leuchtende Leere ist. Sie ist die Bereiterin des heiligen weißen und roten Salböls, das aus der Quelle allen Nektars fließt.

In Ihrem offenen Mund, mit Feuernektar gefüllt, siehst du die Säulen der Weisheit. Sie führt zum Ort der Vereinigung, dem Endlosen Knoten, der ins Zentrum der Leere führt, die kein Zentrum hat.

Trittst du entlang dem Aufsteigenden Pfad in Ihren Mund, gerätst du in die Rote Kammer des Rosenkreuzes. Über dir ist ein Loch in der Decke. Es enthüllt einen offenen Mund, der im gedämpft roten Licht dieser Kammer golden schimmert.

Entlang diesem Kanal kannst du zum Höchsten Raum der Leere gelangen, dem Ort des Führers, wo du selbst zum Führer wirst, da es im Zentrum der Leere niemand anderen gibt.

Hier kannst du der Hüterin des Ewigen Wissens und Schöpferin der Unendlichkeit das Unsagbare Opfer bringen.

*D*u siehst, wie der Mund dieses Kanals sich nach unten öffnet. Auf seiner Oberfläche kannst du die vier Buchstaben des Geheimen Mantras lesen, das das Tor öffnet. Beleuchtest du dieses Mantra mit der Kraft der Meditation, die im Summenden Atem (siehe S. 88) enthalten ist, kannst du es entziffern. Wenn du es wiederholst, öffnet sich das Tor, und du kannst in die Innere Kammer des nächsten Bereichs eingehen.

*H*ier begegnest du dem Schöpferkönig, das Kind seiner Schöpfung auf dem Schoß. In seiner Nähe steht die Hüterin des Zweiten Tors mit leuchtend weißen Armen. Ihre Augen erstrahlen in tiefem Rubinrot.

*S*ie hält den Schlüssel zum Göttlichen Wissen und zur Direkten Offenbarung und füllt die Herzen der Unvorbereiteten mit Schrecken, denn Sie ist auch die Hüterin des Schlüssels der Unsterblichkeit jenseits der Grenzen des Universums und hinter dem Schleier der scheinbaren Wirklichkeit der erschaffenen Welt.

*N*eben Ihr, innerhalb der Wände dieses Raums, erstrahlt das sanft leuchtende Dreieck eines offenen Durchgangs in der tiefen Röte des Lebendig Pulsierenden Fleisches. In diesem offenen Mund findest du den Schließmuskel der Hüterin der Dritten Kammer. Er öffnet und schließt sich rhythmisch wie zum Schlagen eines Großen Herzens.

*E*r wird sich öffnen, hast du die Worte des Geheimen Mantras wiederholt, die um die Öffnung herum geschrieben stehen, wenn sie von der Macht der Meditation erhellt worden sind. Jenseits dieses Eingangs befindet sich die Kammer der Führerin der Höheren Formen, die Granatkammer. Hier nimmst du die Stimmung des Höheren Kosmos in dir auf, und hast du sie durch die Pause zwischen zwei Atemzügen verwandelt, wird sie entlang des Leuchtenden Netzwerks des Höheren Körpers beim Ausatmen entlassen. Beim Einatmen, dem „Ham", werden die Teilchen des Höheren Raums aufgenommen, und beim Ausatmen, dem „Sa", werden sie in kleinere Teilchen aufgespalten, die der niedrigen Welt entsprechen und dem Höheren Körper, der dort geboren wird, Energie verleihen.

*W*ährend du dich durch diese Gegend bewegst, kannst du den Strudel der Drei Kräfte spüren, die sich vermischen.

*J*etzt kannst du die Schlafende und Unsichtbare Form der Schlange sehen, der Weberin der

Träume, die um den Eingang zur nächsten Kammer gewunden ist. Sie ist die Schöpferin des Lebensnetzes. Sie bedeckt den Eingang zur nächsten Kammer freundlich und sanft mit Ihrem Körper, und wenn du nicht aufpaßt, kann es geschehen, daß du irrtümlicherweise in die Windungen Ihrer Illusionen gerätst, anstatt aufwärts zum Zentrum der Leere fortzuschreiten. Solltest du dich in Ihren Träumen verstricken, magst du dir sogar einbilden, daß es dir gelungen ist, an Ihr vorbeizugehen.

Innerhalb des Hügels, der von Ihrem Körper gebildet wird, befindet sich die Öffnung, durch die du jetzt gehen mußt, um in den nächsten Bereich zu gelangen. Ihre Windungen können aufgelöst und durchschritten werden, indem du das Mantra wiederholst, das auf Ihrem Körper geschrieben steht. Dieses Mantra kann kraft der Meditation erhellt werden, doch seine Macht schwindet innerhalb von Sekunden, nachdem es offenbart worden ist.

Du gehst durch den Eingang, an einer blaugrünen phallischen Form vorbei, gewunden wie eine sich gegen oben verjüngende Rosenknospe. Ihre Öffnung befindet sich unten. Durch diese Öffnung mußt du gehen, um in die nächste Kammer zu gelangen.

*I*n dieser, der Blaugrünen Opalkammer, geht Licht von der Öffnung des nächsten Durchgangs aus. Das blaugrüne Licht gibt keine Hitze ab, und die Atmosphäre berührt deine Sinne kühl und angenehm. Hier kannst du dich nur durch Gesten verständigen. Das matte, kühle Licht der Kammer verleitet zum Schlafen, doch darfst du diesem Drang nicht nachgehen.

*I*n diesem Bereich hast du Zugang zu den Geheimnissen der Essenz und zum Wissen um die bewußte Empfängnis eines Kindes ... Es ist der Ort höherer Formen der Wiedergeburt.

*H*ier werden dir der pulsierende Knochen und die Kristallkugel gereicht. In dem pulsierenden Knochen findest du das Geheimnis des Lebens, wenn du es entziffern kannst. Innerhalb der Kugel können Raum und Zeit in ihrer Ganzheit erfahren werden.

*H*ier bist du frei vom Leiden dieser Welt. Statt einer Kreatur mit Armen und Beinen ist aus dir eine vollkommene Kristallkugel geworden. Jetzt wirst du von der Führerin des Universums übernommen, die der Welt Licht schenkt. Es ist Ihr Nektar, der in die Welt fließt und den Schmelztiegel der Wirklichkeit erhellt.

Von hier aus kannst du dich in abgelegene Dimensionen und andere Wirklichkeiten begeben. Jetzt kommst du an einer leuchtenden und funkelnden Wächterin vorbei, deren Gestalt in einem Feuerwerk von Blitzen erstrahlt. Während du in den nächsten Bereich eingehst, hörst du, wie Ihr Klang – der einem summenden Bienenschwarm ähnelt – leiser wird.

Jetzt befindest du dich in der blauen Kammer des Sternsaphirs. An seinen Seiten kannst du die wirbelnden Gestalten der wartenden Führerinnen erkennen. Es sind ihrer drei. Es erscheint ein schäbig gekleideter alter Mann mit weißem Haar. Er hat das Verständnis von Leben und Liebe anzubieten. Um von ihm zu lernen, mußt du über die Äußerlichkeit der Formen hinauswachsen.

Hier begegnest du der Dunklen Frau mit dem Granatring am Finger.

Hier bist du sicher vor allem Schaden und frei vom Hang zu Lust, Zorn, Eifersucht, Gier, Haß und Angst. Wer nicht in der Lage ist, sich selbständig von diesen Angewohnheiten zu befreien, kann diesen Bereich nicht betreten und wird vom Wächter abgewiesen.

*I*n dieser Kammer wirst du von den Fesseln des Schlafs und von der Unwissenheit eines begrenzten Bewußtseins befreit. Wenn du diese überwindest, kannst du den Aufsteigenden Pfad weiter verfolgen. Du hörst jetzt die Lehre, ohne sie in die Sprache des Verstandes übertragen zu müssen.

*H*inter und über diesem Bereich befindet sich die Weiße Kammer der Wolken der Unwissenheit. Hier begegnest du dem Führer von Form und Wahrnehmung. Er löscht das verbliebene Karma, das dir immer noch anhaften kann, ohne daß du dir dessen gewahr warst.

*H*inter dir siehst du nun die Tür zur nächsten Kammer. Sie kann nur durch Aussprechen des geheimen Mantras geöffnet werden, das auf dem Türbalken geschrieben steht. Auch dieses Mantra erhellst du durch deine Meditation, so daß es sichtbar wird.

*I*n der nächsten Kammer begegnest du der Führerin des sechseckigen Raums. Hier herrscht eine rauchblaue Atmosphäre. Du spürst ein rhythmisch pulsierendes Trommeln, das du nicht hören kannst. Auch merkst du vielleicht, wie die Wände sich dehnen und zusammenziehen, zwar nur schwach, aber doch wahrnehmbar.

Dies ist der Bereich der Führerin des Lautlosen Klanges auf der Ebene ohne Schwingung. Hier wirst du über deine Grenzen hinaus zu Fähigkeiten geführt, die von einem gewöhnlichen Bewußtsein nicht erfaßt werden können.

Das Passieren dieses Raums wird durch die rauchige Atmosphäre erschwert. Du mußt darauf vertrauen, daß die Führerinnen dich in den nächsten Bereich geleiten werden. Der süße Geruch des schweren, blaugrünen Rauchs ist fast überwältigend. Es scheint keinen Ausgang aus dieser Kammer zu geben, doch durch eine Veränderung von Bewußtsein und Schwingungsebene wirst du den Weg zur nächsten Kammer irgendwann erblicken.

Deren Tür öffnest du wie die anderen, indem du die Inschrift, die sich über ihr befindet, kraft der Meditation erhellst.

Jetzt bist du in der Scharlachroten Kammer des Sternrubins angekommen. Hier begegnest du der Gestalt der Kleinen Mutter, die diese Wirklichkeit so vergnügt erlebt, als würde sie ein Schaumbad nehmen. Sie ist voller Mitgefühl und kann dir auf deinem Weg zu den höheren Räumen helfen.

*A*uf Ihrer Gestalt erkennst du die Umrisse eines kleinen, weichen goldenen Dreiecks. Darin ist eine Öffnung so klein wie ein Nadelöhr. Durch diese Öffnung mußt du gelangen. Dabei mußt du dich auf ihre Hilfe verlassen. Hinter Ihr befinden sich noch mehrere Türen, die aber alle abwärts, in Träume und Illusionen führen. Nur durch die goldene Öffnung in Ihrer Gestalt wirst du weiter aufsteigen. Bitte Sie, und Sie wird dir sagen, wie du durch Ihr Tor gehen kannst.

*I*m nächsten Raum erlangst du das Wissen um die Erhaltung des Kosmos sowie die Mittel, anderen Lebensformen zu Bewußtsein zu verhelfen. Hier fließt der Lebenshauch höherer Kosmen in die Leere herab, um selbst zu Material für neue Schöpfungsformen zu werden.

*W*ährend du durch die winzige Öffnung in die nächste Kammer gelangst, siehst du die Fasern, die sich von hier in die benachbarten Bereiche Ihres Fleisches strecken.

*D*u benutzt das Mantra „Ma-Ma" und konzentrierst dich dabei auf den Führer, der die

Formen der Schöpfung aller Welten in den Händen hält.

Hier triffst du den Geliebten aller Frauen, dessen Sinne und Handeln die Essenz der Leere steuern und dessen Gedanken und Gefühle ausschließlich der Essenz angehören. Seine Rede fließt wie goldener Honig.

Er führt die Seelen zur Befreiung. Von ihm kannst du lernen, jede beliebige Gestalt anzunehmen und wieder zu verlassen, auch wenn sie schon von einem anderen Wesen bewohnt wird. Von ihm lernst du das Geheimnis der Unsichtbarkeit, das Wandeln auf Luft und das Geheimnis der Formen als Träger von Identitäten.

Jetzt siehst du noch ein weiteres Tor, über dem das geheime Mantra des Hüters der Violetten Kammer des Heiligen Nektars geschrieben ist. In dieser Kammer wird die ungeformte Substanz des Universums so lange aufbewahrt, bis ihr Form und Festigkeit verliehen werden.

Am äußeren Rand dieser Kammer befindet sich der Übergang zur Leere, durch den reine Energie fließt, um zu Materie zu werden, sobald sie in das Universum eintritt, das in der Kristallkugel enthalten ist. Es ist die Kammer des Kosmischen Zwerchfells.

*A*uf einer grauen Erhebung an der Wand kannst du eine schneeweise Form entdecken, an deren Spitze eine kleine Öffnung ist. Kannst du diese Erhebung durch die Kraft der Meditation erhellen, so siehst du dort ein Mantra, dessen Buchstaben wie Feuerwerk blitzen. Das Aussprechen dieses Mantras wird den Durchgang öffnen und den Aufsteigenden Pfad freigeben.

*N*un bist du in der gelben Diamantkammer, wo du auf die Quelle des Nektars triffst. Einem Meer von Ambrosia gleich ist das flüssige Feuer, das hier verwahrt wird, ehe es über den Rand der Leere in die Flüsse und Kanäle strömt, die das Netzwerk des Lebens innerhalb der Großen Mutter bilden.

*D*u bist jetzt von vielen Türen umgeben, doch nur eine davon ist die wirkliche Pforte zur Inneren Kammer. Nur ein reiner Mensch kann unter diesen möglichen Passagen die richtige wählen.

*W*er zum vollständigen Wissen der Essenz erwacht ist, wird solange er sich in diesem Bereich befindet, einen Zustand reiner Vernunft erreichen.

*R*ichte nun deine ganze Aufmerksamkeit darauf, deine Traumreise fortzusetzen, und laß nicht zu, daß du abschweifst und auf Ablenkungen reagierst, während du nach der richtigen Pforte suchst.

*H*ier siehst du alles, was jemals in der Vergangenheit, Gegenwart und Zukunft in der Welt der Formen geschah, und solange du in diesem Bereich weilst, bist du der Befreier aller Wesen.

*J*etzt stehst du direkt am Rand der Unendlichkeit. Wenn du deine Aufmerksamkeit fest auf die Gestalt des Führers im Diamantraum richtest und deinen Atem mit Hilfe des Summ-Mantras kontrollierst, kannst du zum Zentrum der Tür gehen, die sich nun öffnet.

*H*ast du richtig gewählt, kommst du jetzt in die Kammer des weißen Lichts, aus dem alle Gedanken in die Wirklichkeit übergehen. Hier wirst du noch ein weiteres Mantra auf einer Erhebung in der Mitte der Kammer sehen. Es kann nur durch die Macht der Meditation erhellt werden, und wenn du dich darauf konzentrierst, wird der ganze Raum von klarem weißen Licht durchdrungen und erleuchtet.

Nun erkennst du die Führerin des Buchs des Wissens. Sie ist formloser Geist, reine weiße Essenz und besitzt den Schlüssel der Nicht-Schöpfung und des Vollkommenen Verstehens.

In dieser Kammer kann nur der Körper der Gewohnheiten existieren. Hier mußt du ohne deinen Verstand auskommen. Schau an dir herab: Solltest du keine Gestalt oder nur eine Teilgestalt wahrnehmen, hast du deinen Höheren Körper noch nicht kristallisiert.

Im Inneren der Führerin des Buchs des Wissens ist eine glühende und pulsierende phallische Form zu erkennen, die sie ganz durchdringt. Sie ist von kristallweißer Farbe. Kleine Blitze huschen in purpurnen Wellen über ihre Oberfläche. Auf dieser Urgestalt der Führerin stehen die Buchstaben des Urmantras, das nur entziffert werden kann, wenn es kraft der Meditation erhellt wird.

Wenn du diesen Durchgang erkennst, kannst du in den nächsten Bereich vordringen, wo du selbst zum Unsterblichen Führer, Erhalter aller Existenzformen und Befreier aller Wesen wirst.

Durch Aussprechen des Mantras gehst du in die Innere Kammer ein.

Während du tief in diesem Raum vordringst, kannst du die Buchstaben des Mantras erkennen, das die heiligen Silben des Innersten Kreises der Wirklichkeit bildet, das Zentrum der Leere.

Du befindest dich nun inmitten der Flamme, die nicht brennt, und gestaltest mit deiner eigenen Essenz das Licht des Universums. Über dir ist eine Mondsichel, die Form des Mantras des Nichts.

Gibst du die Verbindung zu den unteren Welten auf, so erkennst du die Unendlichkeit. Du verschließt deine Essenz, indem du die linke Ferse gegen den Anus legst, die rechte Ferse über die linke, mit runden Lippen den Atem langsam einsaugst und so den Unterleib mit Luft füllst. Gleichzeitig schließt du die Ohren mit dem Daumen, die Augen mit den Zeigefingern, die Nase mit den Mittelfingern und den Mund mit den übrigen Fingern.

Atme jetzt aus und verwende dabei die Technik der langsamen Atmung. Da jetzt alle deine Empfindungen und Sinneswahrnehmungen ausgeschlossen worden sind, kannst du dich auf die tiefen Bilder der Essenz und auf das Summ-Mantra konzentrieren.

*B*eherrscht du das Verschließen der Essenz, hast du das Wissen um Form und Raum erworben, das nur hier gefunden werden kann, und weitere Erkenntnis dadurch erlangt, daß du der Führerin gedient hast, wirst du nun das weiche, goldene Dreieck des nächsten Durchgangs erkennen können. Dort wirst du das Mantra finden, das es dir ermöglicht, in die nächsthöhere Kammer zu gelangen.

*W*er gut visualisieren kann, wird die Bilder des Inneren Kreises wahrnehmen können.

*I*n diesem Raum zeigt sich der Führer in seiner vollen, unverhüllten und unverschleierten Pracht als Quelle von allem. Er steht für immer über den Wirkungen von Raum und Zeit, und jeder erschaffene Gegenstand befindet sich in seinem Blickfeld. Hier bilden die äußersten Grenzen der Unendlichkeit die Wände und doch scheinen sie ganz nahe zu sein.

*I*n diesem Bereich löst sich alles in den glühenden Strahlen der Gnade auf.

*V*ater/Mutter ist in tiefer Einheit in der Gestalt des MA verwirklicht, umgeben von der erschaffenen Welt oder MA-YA. Hier lebt das Ewige als ein winziges Korn, dessen doppelter

Keim von einer äußeren Haut bedeckt ist. Es verharrt völlig reglos, und dennoch gehen alle Formen der Wirklichkeit aus diesem einzigen Samen, dem Senfkorn der Schöpfung, hervor.

Wenn ein bewußtes Wesen die Pforten des Todes durchschreitet, erfüllt es diesen Ort freudig mit seinem Atem und geht dann in den endlosen und uranfänglichen Zustand ein, der schon existierte, ehe die Welt geschaffen und zerstört wurde.

Hast du deine Beziehung zur Führerin durch Dienen vollendet, wirst du über dieser Kammer die Gestalt des sterblichen Kausalkörpers sehen. Um diesen Durchgang zu öffnen, mußt du das Mantra durch die Macht deiner Meditation beleuchten.

Diese Pforte, wo Formlosigkeit und Unendlichkeit sich auflösen, sieht aus wie eine Mondsichel, die zur Pflugschar geformt ist.

Darüber befindet sich der Bereich der Leere, wo der höchste Äther auf immer ungeboren und ungeformt bleibt.

In diesem weißen Raum, der wie der Vollmond scheint und leuchtet, hält sich die Führerin von Schlaf und Traum auf. Um hier wach zu bleiben, stimmst du unverzüglich das Mantra an, das dir von der Führerin während der Zeit deines weltlichen Dienens gegeben wurde.

Der Körper der Führerin von Schlaf und Traum ist umgeben von Faserbündeln in den Farben der frühen Morgensonne. In der tiefen Meditation der Essenz kannst du die Buchstaben klar erkennen, die auf ihrer Oberfläche geschrieben stehen, und durch das Aussprechen dieses Mantras wirst du mit Ihr vereint. Du überwindest die Schranke und legst den Pfad frei, der in Ihre geheime Kammer führt.

Insgeheim dienen alle Führer/innen und alle Sucher/innen dieser formlosen und leuchtenden Kammer. Hier erfährst du die geheimen Riten der Nahrungsaufnahme, der Ausscheidung und des Objektiven Sex.

Du entdeckst die verborgene Kammer, die nur durch große Anstrengung erreicht werden kann. Hier entspringt der Nektar der Essenz, und hier sind die Wurzeln allen Erwachens und sämtlicher Befreiung zu finden.

Dann begegnest du dem Führer der Emanationen und Strahlungen, der alle Manifestationen auflöst. Durch seine Ausstrahlung und Schwingung bildet sich ein steter Fluß von

Nektar, der aus dem Urmantra, dem Einen Wort fließt.

Nun wirst du vom Führer in das Wissen eingeweiht, durch das die Verwirklichung der Einheit von Psyche und Essenz verstanden wird.

Er durchdringt alle Dinge, weil Er – und nur Er allein – allen Dingen innewohnt, denn alles wird aus Ihm geformt. Er ist die Ursache für den lebendigen Strom, der durch die Kraft des Atems in allen Lebewesen fließt. Er ist die Stille zwischen zwei Atemzügen, und sein Name ist das Mantra „Ham Sa" (Ich bin – A. d. Red.).

Der Schöpfer nennt diesen Raum den Ort der Schöpfung, der Erhalter den Sitz der Götter, und der Zerstörer Ort der Vereinigung. Die Heiligen nennen ihn Hort des Mitgefühls, und die Engel Thron Gottes. Es ist der Ort, wo die Drei zu Zwei werden und die Zwei zu Einem.

Die Führerin des Mondes wohnt hier, umgeben von den Farben der Morgensonne, so fein wie der seidene Faden des Spinnennetzes, weich und strahlend wie eine Wolke. Sie sorgt für den Leib aller Wesen, die einen Körper haben.

*I*n Ihrer Kammer findest du die Führerin der nirvanischen Welten. Sie ist so fein wie ein Haar und so ruhig wie eine windstille Nacht. Sie ist die allgegenwärtige Führerin der Innenwelt, des Unfaßbaren, das in allen Wesen ist.

*S*ie ist die Bewahrerin des göttlichen Wissens, das alles Wissen übertrifft. Sie besteht aus dem Licht aller Emanationen und Strahlungen aller Welten. Sie ist die Leere, die zurückbleibt, wenn alle zwölf Sonnen der samsarischen und nirvanischen Welten am selben Ort zur selben Zeit erscheinen.

*M*itten in Ihrer erschütternden und erstaunlichen Gestalt befindet sich die uranfängliche Matrix des Nirvana. Sie bietet allen Wesen, die der geschaffenen Welt müde geworden sind, einen Ort der Befreiung. Sie ist die Mutter aller Buddhas und die Beschützerin von Heiligen und Boten, Herberge der Propheten und Zuflucht der absoluten Freiheit.

*G*ütig bewahrt sie für alle befreiten Wesen das Wissen um die Wahrheit, bis sie bereit sind zu erwachen.

*I*hre Kammer ist völlig frei von allen Illusionen von Körper und Geist, und sie ist nur für diejenigen erreichbar, die ihr Selbst gemeistert und den Körper der Gewohnheiten bezähmt haben. Als unaussprechlicher Kern des Nichts ist Ihr Name bekannt.

Wer sich in Meditation und Tat von allen unbewußten Gewohnheiten befreit hat, kann von der Führerin durch direkte Übertragung die Schritte zum großen Erwachen lernen.

Hier solltest du dein ganzes Wesen auf das Mantra des Empfangens der Lehre konzentrieren (das nur mündlich durch Einweihung vom Lehrer an Schüler weitergegeben wird) und den Mittelpunkt des sich niemals öffnenden, unsichtbaren Mundes durchbohren, worauf du durch die Öffnung hindurch in die Kammer dahinter gelangst, deren Tür du durch die Kraft des Feueratems hinter dir schließt. (Diese Technik kann hier nicht vermittelt werden, denn um sie ohne zu großes Risiko beherrschen zu können, braucht es einen Lehrer. Anschließend an diesen Text ist eine alternative Atemmethode für Schüler angegeben, die keinen Atemlehrer haben oder beiziehen wollen.)

Diese Öffnung des Durchgangs wird von beiden Partnern gleichzeitig erfahren, und sie werden in der großen Kammer zur Ruhe kommen, wo der lebende Vater in Seinem ewigen Zustand formlosen Seins weilt.

Wenn du in diesem Bereich anlangst, solltest du bewußt zulassen, daß alle Gestalten von der weiblichen Form aufgenommen werden. So verwirklichst du dein wahres Wesen und wirst dir deines ursprünglichen Zustandes gewahr.

Du bist zum Wohnsitz des Vaters gekommen, dem Gespons der Großen Mutter und Vater der Kinder der Leere. Du bist eins mit Ihm und findest dich gleichzeitig außerhalb von Ihr und von Ihr aufgenommen – weder das eine noch das andere und dennoch beides.

Du bist am Ende der Reise angelangt, die auch ihr Anfang ist, denn du stehst erneut am Eingang zu Ihrem Schoß. Jeder hat sich in seinem Urgrund aufgelöst, und es bleibt nichts übrig als das, was ist.

Du siehst Sie nun als tausendköpfige Schlange, auf deren zusammengerolltem Körper du alleine sitzt, umgeben von Leere und schauernd im Wissen um die absolute Wirklichkeit. Begleitet wirst du aber von der Tochter der Mutter, sie beruhigt dich und bringt die schreiende Leere zum Verstummen.

*H*ier kannst du dich mit dem vollkommenen Liebhaber, dem uranfänglichen Mitschöpfer, austauschen und mit diesem Gefährten die ewige Bürde der Endlosigkeit teilen.

*U*nd wenn du dessen müde bist, wirst du wieder zu Füßen der Großen Mutter tanzen und die Reise durch sie antreten, von Ihren Geheimnissen kosten und in den Freuden und Leiden Ihrer formlosen Gestalt aufgehen. Und Sie wird für dich tanzen, und auch Ihn wirst du tanzen sehen, und die Zwei werden Viele werden, und aus den Vielen werden Drei, und die Drei werden einander auf immer Gefährten sein.

Alternative Atemübung

Setzen Sie sich Stirn an Stirn im Schneidersitz einander gegenüber.

Kommen Sie zur Ruhe, indem Sie das Summ-Mantra in Verbindung mit der langsamen Atmung einsetzen.

Füllen Sie die Brust und die untere Lungenpartie mit Luft. Sind die Lungen einmal voll, halten Sie den Atem an.

Ziehen Sie den (Kegel-)Muskel zwischen Scham und Steiß zusammen, um den abwärts gerichteten Atemfluß zu stoppen.

Indem er die Luft aufwärts bewegt, bläst der männliche Partner nun plötzlich in den Mund seiner Partnerin und in ihre Lunge hinab. Es ist wichtig, daß dies zwar unverhofft, aber doch sanft geschieht, um einen Schock oder Schaden zu vermeiden. Wir empfehlen, diese Übung mit einem Lehrer zu machen.

Anhang A

Relative Schwingungsraten vom Körperbereich zum Metabereich

1,0 : 1,13 : 1,25 : 1,33 : 1,50 : 1,67 : 1,88 : 2,0

Relative Schwingungsraten bei der Bildung neuer Körper

Körperform	Schwingungsrate
Planetarischer Körperbereich	384,0
Zweiter Körper	433,9
Dritter Körper	480,0
Vierter Körper	510,7

Fünfter Körper   576,0
Sechster Körper   641,3
Siebenter Körper   721,9
Neues Universum   768,0

Bewußtseinsstufen in Relation zum Körperbereich

1. Stabilität im erweiterten Zustand.
2. Übertragung durch die Leere.
3. Befreiung von Bedürfnissen, Problemen und Ansichten des Körperbereichs.
4. Freie Bewegung außerhalb des Körperbereichs.
5. Fähigkeit, von außen Handlungen im Körperbereich hervorzurufen.
6. Freie Wahl der eigenen Gestalt oder Identität im Körperbereich
7. Übersicht über die gesamte Schöpfungsgeschichte von den Uranfängen der Leere bis zur Allgegenwärtigkeit.
8. Die Konsequenzen jeder Handlung im Körperbereich sind klar.
9. Fähigkeit, ohne negative Empfindungen in den Körperbereich ein- und auszugehen.
10. Lautlose Kommunikation.
11. Erkenntnis der Wahrheit.
12. Fähigkeit, die Hilfe der Führer anzunehmen und zu benutzen.

13. Fähigkeit, auf der Stufenleiter der Existenz seinen Rang einzunehmen.
14. Fähigkeit, sich jederzeit an beliebiger Stelle im Körperbereich zu plazieren.
15. Handlungen im Körperbereich regulieren können, um fremde Aggressionen und Gewalt zu vermeiden.
16. Den eigenen Bewußtseinszustand mühelos ändern können.
17. Sich außerhalb des Körperbereichs aufhalten können.
18. Sich nicht außerhalb des Körperbereichs aufhalten können.
19. Abhängig von Ansichten, die Teil psychischer Programme sind.
20. Unfähig, über den Körperbereich hinaus zu sehen.
21. Im Körperbereich gefangen.

Stufen der Degeneration in den Körperbereich

Metabereich: Hier befinde ich mich in vollkommener und totaler Kommunikation mit mir selbst. Es gibt keinen „anderen" und auch keinen Rahmen, auf den man sich beziehen könnte. Wissen ist Wissen. Alle Wirklichkeiten und Inkarnationen sind in mir selbst entstandene Träume. Ich bin mein eigenes Karma. Warum ist das immer wieder so eine große Überraschung?

Makrobereich: Ich bin in der Lage, mein Wissen zu erweitern, sogar bis zum Zustand des Nichtwissens. Dieses Konzept birgt viele Möglichkeiten.

Monobereich: Gibt es noch jemanden, der weiß? Sollte es einen anderen Wissenden geben, weiß der, was dieser Wissende weiß?

Synchronbereich: Ich bin in der Lage, etwas zu erschaffen, um Wissen auszudrücken. Vielleicht gibt es noch andere Wissende, die gewillt sind, ihr Wissen auf dieselbe Weise auszudrücken?

Superbereich: So ist es außer Kontrolle geraten. Ich habe keine Ahnung, wie es außer Kontrolle geraten ist. Ich darf nicht vergessen, daß ich nicht weiß, wie es außer Kontrolle geraten ist.

Traumbereich: Jedes Mal, wenn ich einen Raum erschaffe, verschwindet er gleich wieder. Ich muß ihn immer wieder neu erschaffen, damit er fortfahren kann zu existieren.

Andersbereich: Schöpfungen können nicht so bleiben, wie sie sind, wenn ich will, daß sie bestehen. Jede einzelne Schöpfung kann nur einen Augenblick lang existieren, also muß ich sie immer leicht verändern, wenn ich will, daß sie eine Zeitlang existieren.

Protobereich: Meine Schöpfungen zu verändern, um sie weiterhin existieren zu lassen, bedeutet, daß sie jeden Augenblick anders sein müssen, so daß ich mit der Zeit eine Kette verschiedener Räume bekomme. Meine Schöpfungen degenerieren, je weiter sie sich von der Originalschöpfung entfernen. Meine Räume werden jeden Moment älter.

Simultanbereich: Ich kann vergessen, wenn ich in eine Masse hineingerate. Ich frage mich, wie es wäre, wenn ich in diesem Körper dort drüben wäre.

Oszillobereich: Ich frage mich, ob diese anderen Wissenden da draußen wirklich andere Wissende sind. Habe ich die anderen Wissenden nur erschaffen, damit da draußen jemand ist?

Transbereich: Ich kann viel besser vergessen, wenn ich es fühlen kann. Gut, daß ich daran gedacht habe.

Parabereich: Ich muß alles wieder unter Kontrolle bringen. Ich habe jedoch vergessen, wie es geht.

Unibereich: Was wäre besser: Hier absolut sicher zu sein oder in den Körperbereich einzutauchen und abhängig von Zufällen, Tod und Schmerzen zu werden? Ich möchte nicht zu Schaden kommen, aber das hier ist mir auch zuviel.

Infrabereich: Ich muß mich diesen Unvollkommenheiten widersetzen. All diese Veränderungen werden mir langsam zu unberechenbar.

Ultrabereich: Ich wünschte, ich könnte alle diese Schöpfungen loswerden, damit ich mich darauf konzentrieren kann, wie ich wieder da hinaufkomme. Wenn ich nur etwas Ruhe und Frieden finden könnte, könnte ich alles so gestalten, wie ich es eigentlich wollte.

Irrbereich: Irgendwo muß doch der Schlüssel zum Ganzen sein.

Philobereich: So einen Fehler möchte ich nicht noch einmal machen. Es muß doch eine andere, bessere Methode geben.

Polybereich: Alles ist schiefgegangen. Ich kann nicht loslassen.

Kontrabereich: Ich versuche ja, dieses Universum zu mögen, aber sieh nur, was es mir angetan hat.

Komplementärbereich: Es ist an der Zeit, sich aus dieser Geschichte zurückzuziehen.

Körperbereich: Ich glaub, hier komm ich nie lebendig raus.

Anhang B

Bewußte Streßfaktoren

Auditive Überlastung: Glocken, Orgelmusik, laute Geräusche.
Delirium: Schwanken zwischen Psyche und Essenz.
Dilemma: Der Versuch, offensichtliche Paradoxien durch intensives Nachdenken zu lösen.
Drogen: Keine Schlafmittel, sondern Psychedelika, die die Aufmerksamkeit auf Overload-Faktoren und tiefsitzende Einstellungen lenken – eine Ausrede für echte Anstrengungen.
Emotionale Störungen: Sich kraftlos oder lächerlich fühlen.
Fasten: Streß, der durch Konzentration auf den

Körper und Überlastung der Ausscheidungsorgane hervorgerufen wird.

Freiwilliges Schweigen: Erzwungene Konfrontation mit Ich und Nicht-Tun.

Geschäftliche Probleme oder Hindernisse: Streß durch Sorgen.

Gymnastik: Wiederholung anstrengender körperlicher Übungen und völlig neuer Bewegungsabläufe, die der Körper nicht gewohnt ist.

Hypnose: Kontrollierte, erhöhte Aufmerksamkeit und Wiederholung.

Inbrünstiges Beten: Starke emotionale Erregung bis zu einem Höhepunkt, dadurch verursachter körperlicher und geistiger Streß.

Intensives künstlerisches Streben: Streß der Ausdrucksfindung.

Intensives Selbststudium: Strenge Selbstdisziplin, um das falsche Ich zu beobachten, ohne etwas daran ändern zu können.

Intensives Visualisieren: Findet keinen Ausdruck in der materiellen Wirklichkeit.

Isolationshaft oder Gefangenschaft: Wahnvorstellungen der Isolation.

Joggen: Körperliche Überanstrengung.

Konstantes, enges Zusammensein: Mit Menschen, die einem unangenehm oder zuwider sind.

Künstlich herbeigeführte Epilepsieanfälle: Nicht zu empfehlen!

Künstlich herbeigeführte Psychose: Durch Schlafentzug, Erschöpfung, Kritik, Verstörung, Konflikt, Hohn oder Konzentration auf eine bestimmte Realität.

Kulturelle oder gesellschaftliche Veränderungen: Kulturschock.

Lange Phasen der Einsamkeit: Bewußte Konfrontation mit Langeweile und immer wiederkehrenden persönlichen Programmen.

Lebensgefahr: Streß aus Angst.

Luzides Träumen: Inszenierung innerer Dramen.

Mantra: Bewußte Konzentration auf Klänge und/oder deren Bedeutung.

Meditation: Bewußte Konzentration auf einen einzelnen Punkt oder die Konfrontration mit dem Nichts.

Musik: Erhöhte Aufmerksamkeit für unübliche Klangentwicklungen und deren Resonanzwirkung auf die Organe des Körpers.

Phantasiereisen: Tiefe Erforschung des Selbst, das es nicht gibt; das daraus entwachsende Paradoxon verursacht ein ernstes logisches und symbolisches Dilemma.

Religiöse Ekstase: Verursacht geistigen und körperlichen Streß durch Überlastung.

Rituale: Übersteigerte Wiederholungen zeremonieller Handlungen.

Rotation: Sinnlicher und organischer Streß, kombiniertes Paradoxon der Wahrnehmung.

Samadhi-Tank: Sensorische Deprivation und erzwungene Konfrontation mit den inneren Programmen.

Scheitern beim Erreichen eines wichtigen Ziels: Unzufriedenheit mit sich selbst.

Schock: Überlastung des Nervensystems.

Selbsterinnerungsversuche: Der Versuch, sich seiner selbst gewahr zu sein.

Sex: Stimulierung des Wurzelchakras.

Skandieren: Längere Wiederholung bestimmter Töne.

Spiele: Unter besonderen Bedingungen.

Ständige Gefahr: Wie unter den primitiven Lebensbedingungen der Steinzeit.

Ständige Veränderung: Der Umgebung und der Lebensumstände.

Streben nach Vollkommenheit: Wenn es bis zum Äußersten getrieben wird.

Suche nach dem inneren Gott: Kampf der Seele um Erlösung.

Tanz: Unter besonderen Voraussetzungen.

Theater: Unter besonderen Voraussetzungen.

Tiefenmassage: Auslösen und Freisetzen von Bildern und Emotionen.

Todesbewußtsein: Der Grabstein am Ende des Weges.

Trance: Erzwungene Stillegung des Gedankenflußes, was beträchtlichen gefühlsmäßigen und körperlichen Streß hervorruft.

Veränderte Atemgewohnheiten: Die Programmierung neuer Atemmuster. (Ohne Atemlehrer nicht zu empfehlen!)

Yantra: Erzwungene Konzentration auf symbolische Formen.

Streß, der der Essenz schadet

– Sich mit Alltagssorgen identifizieren.
– Leiden wegen Beziehungen und Problemen.
– Schmerz.
– Wut.
– Ärger.
– Angst.
– Trauer.
– Verfolgungswahn.
– Panik.
– Neurotische Überzeugungen.
– Psychotisches Insistieren auf einer bestimmten Wirklichkeit.
– Migräne.
– Narkosezustände.
– Drogenzustände.
– Orgasmus.
– Selbstbefriedigung.
– Tagträume.
– Sport.
– Rockmusik und -tanz.
– Lustgefühle.
– Schock und sekundäre Schocksymptome, z.B. durch Unfall oder Krankheit.

– Hysterie.
– Gewalttätigkeit.

Schwingungen

Alle Bereiche sind Schwingungen, die sich in einer bestimmten Form manifestiert haben. Das ist allgemein bekannt, doch gibt es nur wenige praktische Anleitungen dafür, wie Sie von dieser Information Gebrauch machen können. Um dieses Wissen in der Praxis anwenden zu können, müssen Sie erkennen, daß Schwingungen niemals nur von positiven oder negativen Faktoren ausgehen. Es braucht beide, um eine Schwingung zu erzeugen, und zudem noch eine dritte Kraft, die die Schwingung im Gleichgewicht hält.

Die positiven und negativen Faktoren, die dieses Universum ausmachen, sind:

Gefühle	mögen/nicht mögen
Besitz	wollen/nicht wollen
Wünsche	erreichen/zurücknehmen
Empfindungen	Lust/Schmerz
Glaubensannahmen	Sicherheit/Angst

Um aus dem Körperbereich herauszukommen, müssen Sie die Schwingungsrate von *niedrig* zu *hoch* verändern. Die kombinierte Schwingungsrate der oben aufgelisteten fünf Faktoren gleicht dem Klang des „OM" in einer mittleren C-Lage. Wenn man die grundlegenden Konflikte von Ja/Nein verändert, erschafft die daraus entstehende Schwingung einen neuen Bereich. Eines der Hauptanliegen der tantrischen Erfahrung ist das Aufspüren und Aufgreifen solch höherer Konflikte.

Höhere Konflikte

Engel/Licht, Güte – Teufel/Dunkelheit, innerer Dämon
Leben – Aufhören zu leben
Karma – Befreiung
Männlich – weiblich
Denken – Phantasieren
Psyche – Essenz
Aktivität – Stille
Körperbereich – Metabereich
Macht – Verletzlichkeit
Wissen – Dummheit
Kommunikation – Schweigen
Beziehung – Alleinsein
Essen – Fasten
Schlafen – Weitermachen bis zur Erschöpfung
Normale Anstrengung – Außergewöhnliche Anstrengung
Konventionalität – Unkonventionalität

Emotionales Leiden – bewußtes Leiden
Verlust – Opfer
Empfangen – Lehren
Lernen – Verstehen
Über die Arbeit reden – Die Arbeit tun
Persönliche Befriedigung – bewußtes Leben
Bewegung – keine Bewegung

Wie Sie sehen können, sind dies keine willkürlichen Konflikte, die aus moralischen Gründen oder zum Nutzen der Gesellschaft angeführt werden. Sie haben einen echten Gebrauchswert und dienen dazu, die Schwingungsrate zu erhöhen, indem sie verschiedene Zentren miteinander in Konflikt bringen und so die positive und negative Seite einer Schwingungsrate erzeugen. Es heißt, daß man, um in der Arbeit Erfolg zu haben, einen Engel und einen Teufel in sich haben muß, die sich in einem ständigen Krieg miteinander befinden. Das heißt nichts anderes, als daß es positive und negative Faktoren braucht, um eine Schwingung zu erzeugen. Ist nur ein einziger Anteil vorhanden, tritt gar keine Schwingung auf. Aus diesem Grund scheitern alle, die versuchen, *nur Gutes* zu tun, *ganz Essenz* zu sein oder *alles zu opfern und das Menschliche nicht zu genießen.* Es braucht beide Seiten. Sie brauchen sowohl Psyche als auch Essenz, sowohl Einklang als auch Disharmonie – keine Süßigkeit ohne eine Prise Salz.

Literatur
Ramsdale, David Alan; Dorfman, Ellen Jo:
Sexual Energy Ecstasy. Peak Skill Publishing

Kassetten
(Alle erhältlich bei Peak Skill Publishing)
Journey through the Great Mother
Tantra – Bliss of Reality
Working with Sex Energy
Your Relationships, Your Mirror
The Tantric Secret of Sexual Satisfaction

Informationen über die Autoren, über zusätzliche Literatur und die Kassetten erhalten Sie bei:

Peak Skill Publishing,
P.O. Box 5489,
Playa del Rey,
California 90296-5489,
USA

Yoga

Harmonie von Körper, Geist und Seele

08/4546

Außerdem erschienen:

Erling Petersen
Das Yoga-Übungsbuch
08/9299

Satya Singh
Das Kundalini-Yoga-Handbuch
Für Gesundheit von Körper, Geist und Seele
08/9342

Wilhelm Heyne Verlag
München

Heilgeheimnisse der Natur

David
Hoffmann
**Das Findhorn-
Kräuter-Heilbuch**

Heilpflanzen
und geistige
Heilung –
das Handbuch
zum kundigen
Umgang
mit den
Geschenken
der Natur

**ESOTERISCHES
WISSEN**

08/9606

Wilhelm Heyne Verlag
München

Rüdiger Dahlke
Das Spirituelle
Weltbild

08/9574

Außerdem erschienen:

Mandalas der Welt
Ein Meditations- und Malbuch
08/9552

**Der Mensch und die Welt
sind eins**
*Wie oben, so unten: unsere
Existenz zwischen Mikrokosmos
und Makrokosmos*
08/9595

Die spirituelle Herausforderung
*Eine Einführung in die
zeitgenössische Esoterik*
08/9632

Habakuck und Hibbelig
Eine Reise zum Selbst
Esoterischer Roman
08/9904

Wilhelm Heyne Verlag
München

Sucht und Abhängigkeit

Melody Beattie
Die Sucht, gebraucht zu werden

19/355

Außerdem erschienen:

Melody Beattie
Unabhängig sein
Jenseits der Sucht gebraucht zu werden
17/48

Anne Wilson Schaef
Co-Abhängigkeit
Die Sucht hinter der Sucht
17/84

Brenda Schaeffer
Wenn Liebe zur Sucht wird
Autonomie in der Partnerschaft
17/81

Wilhelm Heyne Verlag
München